1856. — *Quatrième Année.* — 1856.

SÉRIE DE PRIX

D'APRÈS DES SOUS-DÉTAILS

POUR SERVIR A L'ESTIMATION ET AU RÈGLEMENT

DES

TRAVAUX DE SERRURERIE

EXÉCUTÉS PENDANT L'ANNÉE 1856

Revus, entièrement modifiés suivant les prix des matières premières et des objets fabriqués,
augmentés de prix nouveaux,

PAR PICHON

MÉTREUR-VÉRIFICATEUR DE SERRURERIE.

QUATRIÈME ANNÉE.

ADOPTÉE PAR LA SOCIÉTÉ CENTRALE DES ARCHITECTES.

Prix : **4** francs.

PARIS

A LA LIBRAIRIE D'ARCHITECTURE DE BANCE, ÉDITEUR,

RUE BONAPARTE, 13,

(ANCIENNE RUE DES PETITS-AUGUSTINS)

1856

SÉRIE DE PRIX

D'APRÈS DES SOUS-DÉTAILS

POUR SERVIR A L'ESTIMATION ET AU RÈGLEMENT

DES

TRAVAUX DE SERRURERIE

EXÉCUTÉS PENDANT L'ANNÉE 1856

Revus, entièrement modifiés suivant les prix des matières premières et des objets fabriqués, augmentés de prix nouveaux,

PAR PICHON

MÉTREUR-VÉRIFICATEUR DE SERRURERIE

QUATRIÈME ANNÉE.

ADOPTÉE PAR LA SOCIÉTÉ CENTRALE DES ARCHITECTES.

Prix : **4** francs.

PARIS

A LA LIBRAIRIE D'ARCHITECTURE DE BANCE, ÉDITEUR,

RUE BONAPARTE, 13,

(ANCIENNE RUE DES PETITS-AUGUSTINS)

1856

Rue Rochechouart, 6.

PARIS. — IMPRIMÉ CHEZ BONAVENTURE ET DUCESSOIS.

EXTRAIT DU RAPPORT

DE LA SOCIÉTÉ CENTRALE DES ARCHITECTES DE PARIS

Composée de MM. FANOST, GAGNÉ, MILLER, et LUCAS, rapporteur,

Sur la **SÉRIE DE PRIX DE SERRURERIE**, présentée par M. PICHON.

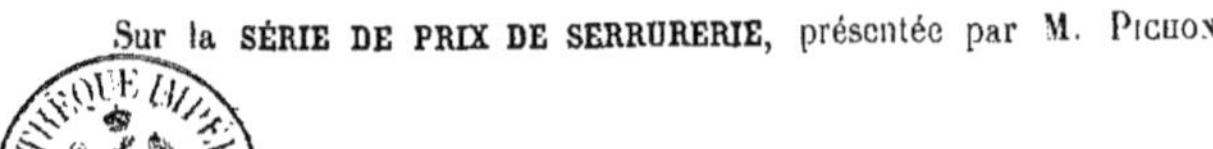

Le travail de M. Pichon est divisé en deux parties bien distinctes : la première comprenant les sous-détails de 1056 ouvrages de Serrurerie le plus habituellement exécutés dans nos travaux pour l'année 1853, et la seconde partie le résumé de ces différents prix , dégagés des sous-détails.

Chacun de ces sous-détails comprend le prix de la matière brute pour les ouvrages de ferronnerie et de la matière ouvrée, pour les ouvrages de quincaillerie, l'apprêt et la pose, la fourniture des menus accessoires, vis, charbon, etc.; les faux frais évalués au quart de la main-d'œuvre et calculés pour un atelier de six ouvriers, terme moyen, et enfin le bénéfice alloué au sixième de la valeur d'ensemble des éléments qui précèdent.

Cette même analyse du prix est appliquée aux séries des années 1854 et 1855, et cette dernière comprend 1286 applications de prix.

Les sous-détails de M. Pichon peuvent, on le voit, être appliqués facilement par tous les architectes et dans tous les temps, puisqu'il suffira de connaître la valeur des matériaux, et de calculer la main-d'œuvre, en y ajoutant les faux frais et un bénéfice qui ont semblé à votre Commission devoir être établis proportionnellement à l'importance des travaux et laissés à l'appréciation de l'architecte.

Il faut enfin ajouter que tous les ouvrages neufs au-dessous d'une valeur d'ensemble de 2,000 fr. et ceux faits en réparation ont été estimés par M. Pichon eu égard au prix du même travail neuf, ce qui n'avait pas encore été fait dans aucune série de prix.

Votre Commission s'est livrée, Messieurs, à l'examen comparatif des prix les plus usuels suivant les deux séries de MM. Morel et Pichon, et elle a dû reconnaître que l'application des prix de M. Pichon donnait pour résultat une évaluation moins élevée pour les mêmes travaux exécutés à la même époque.

En résumé, Messieurs, la Commission émet l'opinion que la Série de prix de M. Pichon est la mieux faite de toutes celles qui ont été publiées jusqu'à ce jour, en ce qu'elle comprend, autant que possible, tous les travaux de serrurerie susceptibles d'être exécutés, et que les évaluations qui y sont contenues reposent sur des bases qui, hors le prix de la matière première, sont fixes et peuvent constamment être appliquées par toutes les personnes s'occupant de la comptabilité du bâtiment. Aussi, en désirant que toutes les évaluations des divers travaux du bâtiment soient mises au jour avec le même savoir et la conscience qu'elle a remarqués dans la Série de prix de M. Pichon, votre Commission pense qu'il y a lieu d'admettre cette Série pour servir de base à la rédaction des marchés et au règlement des travaux de serrurerie.

Paris, 27 Juillet 1855.

Le Rapporteur, A. LUCAS.

Adopté par le Conseil le 31 août 1855 :

Le Président, GILBERT aîné.
Le Secrétaire perpétuel, Vor BALTARD.

Pour copie conforme :

L'Agent de la Société, BONHOMME.

Prix de base au 1ᵉʳ mars 1856.

FONTE.

Balcons du commerce les 100 kil.	55	»
Barres d'appui.	65	»
Colonnes pleines.	30	»
Caniveaux et plaques cannelées.	40	»
Fourneaux carrés.	40	»
Fourneaux économiques.	42	»
Gargouilles de trottoirs.	36	50
Tuyaux ronds.	38	50
Tuyaux ovales.	38	50
Plaques unies.	30	»

CLASSIFICATION DES FERS LAMINÉS AU BOIS.

AVEC LE COURS DES DIFFÉRENTES CLASSES DE FERS, A LA DATE DU 1ᵉʳ MARS 1856.

Première classe.

Carrés de 0,020 à 0,054.
Plats de 0,040 à 0,115 sur 0,009 et plus. . . } 43 »
Plats de 0,027 à 0,038 sur 0,011 et plus. . .
À 1 de 0,080 à 0,160 compris octroi jusqu'à 7,00. 49 »
Les mêmes en roche . . . . 53 »

Deuxième classe.

Carrés de 0,016 à 0,019.
Gros carrés de 0,055 à 0,068.
Ronds de 0,021 à 0,068.
Plats de 0,040 à 0,081 sur 0,006 et 0,008 et plus. } 45 »
Méplats de 0,020 à 0,038 sur 0,008 et plus.
Gros plats de 0,116 à 0,162 sur 0,012 à 0.040.
À I de 0,180 à 0,220 compris octroi jusqu'à 7,00. 51 »
Les mêmes en roche. . . . . . . 55 »

Troisième classe.

Carrés de 0,009 à 0,011
Gros carrés de 0,070 à 0,081.
Ronds de 0,014 à 0.020
Gros ronds de 0,069 à 0,081.
Bandelettes de 0,020 a 0,036 sur 0,005 et demi et } 47 »
    plus.
Plats de 0,120 à 0,162 sur 0,007 à 0,011.
Plates-bandes demi-rondes de 0,027 sur 0,007 et plus.
À triple I de 0,260 jusqu'à 6,00. . . . . 53 »
Les mêmes en roche. . . . . . . 57 »

Quatrième classe.

Carrés 0.007 à 0,010.
Gros carrés de 0,082 à 0,095.
Ronds de 0,006 à 0,013
Gros ronds de 0,082 à 0,095. } 49 »
Bandelettes de 0,020 à 0,038 sur 0,004 et demi et plus
Plates-bandes demi-rondes de 0,018 à 0,0025 sur
    0,007 et plus
Les mêmes en roche. . . . . . . 59 »

Double I à larges bourrelets.

De 0,120 jusqu'à 700.	51	»	De 0,250 jusqu'à 5,00.	55	»
De 0,200 jusdu'à 600.	53	»	De 0,300 jusqu'a 4,03.	57	»

FAUX FRAIS CALCULÉS SUR UN ATELIER DE SIX OUVRIERS

POUR SERVIR DE BASE AUX FAUX FRAIS DE MAIN-D'ŒUVRE.

Loyer de l'atelier..	800 »
Patente, droit fixe.	50 »
Droit proportionnel au loyer, le 20me.	40 »
Centimes additionnels.	20 »
Valeur du matériel , 3000 fr. à raison de 5 pour 0/0 (intérêts du capital).	150 »
Dépenses annuelles pour la réparation des outils, entretien des étaux, soufflets, limes, etc.	600 »
Diminution ou dépréciation de la valeur du matériel par suite de son usage et malgré son entretien annuel.	50 »
Dépense d'huile pour taraudage et percement de trous.	20 »
Transport des matières premières à l'atelier et de l'atelier au bâtiment.	50 »
Éclairage.	40 »
Total.	1820 »

FRAIS DE MAIN-D'ŒUVRE DES SIX OUVRIERS.

1 forgeron, 310 journées à 5 fr.	1550	»
1 ajusteur, 310 id. à 4 fr.	1240	»
3 ouvriers de ville, 310 journées, chaque à 3 fr. 75 c.	3487	50
1 aide ou frappeur, 310 id. à 3 fr.	930	»
Dépense totale..	7207	50

De ces deux tableaux il résulte que les faux frais d'un atelier de 6 ouvriers s'élèvent à 25 p. 6/0 du montant de la main-d'œuvre.

Ne sont pas comptés dans ce chiffre de 7207 fr. 50 c. les frais d'écriture pour les attachements et la rédaction des mémoires qui s'élèvent à 2 p. 0/0 du montant des travaux, et réduisent ainsi de 2 p. 0/0 le bénéfice accordé dans les sous-détails.

Les journées d'été comme celles d'hiver sont de 10 heures de travail.

NOTA. Les prix de la présente série sont applicables aux travaux ordinaires bien faits. — Il faudrait, par conséquent, leur allouer une augmentation s'il s'agissait de travaux extraordinaires ou qui auraient été exécutés avec difficulté.— Par la même raison, ces prix seraient trop élevés pour être appliqués à des ouvrages de mauvaise qualité ou dont l'exécution ne serait pas satisfaisante.

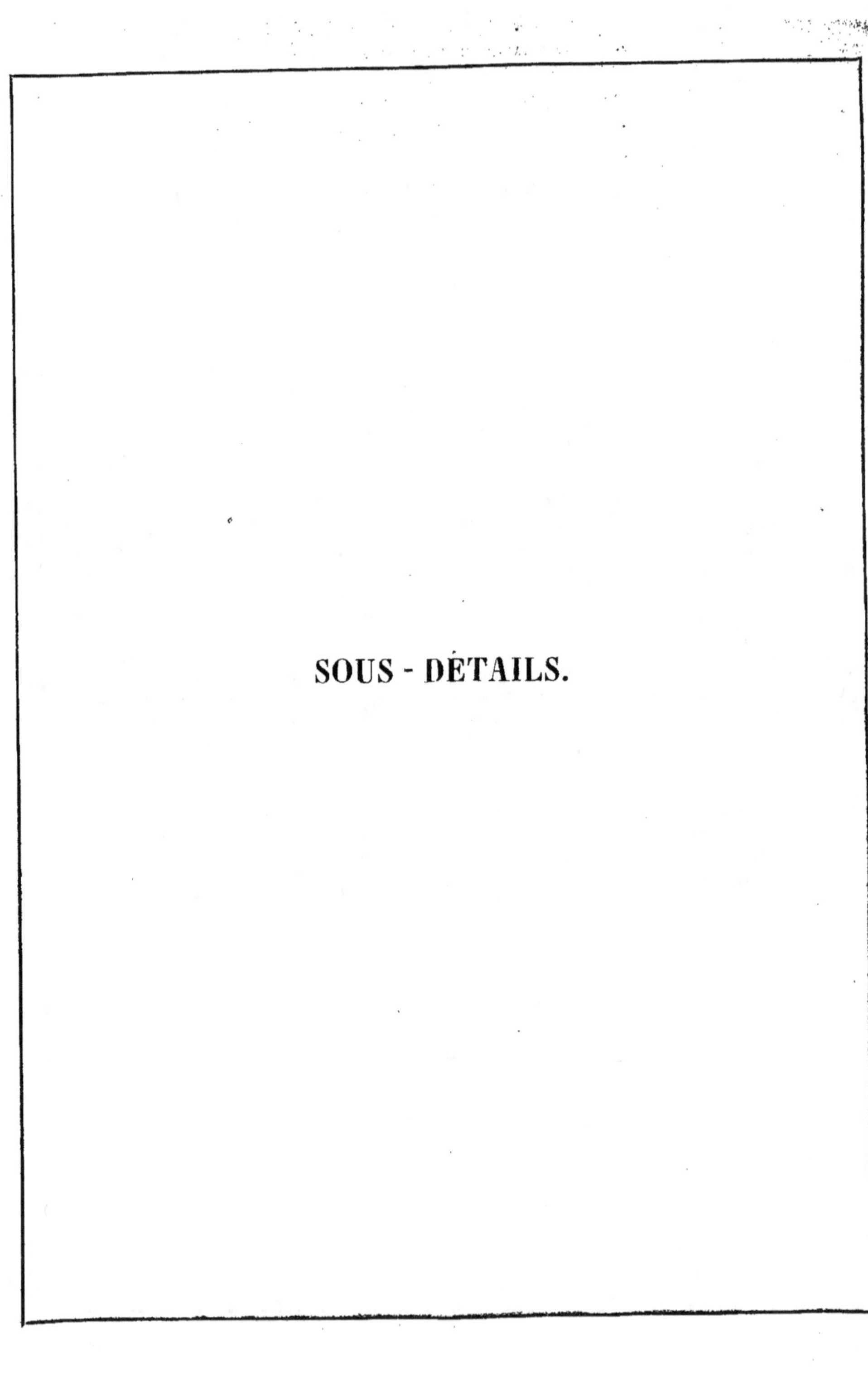

SOUS - DÉTAILS.

AVIS DE L'ÉDITEUR.

La *Série de prix de Serrurerie* est l'œuvre d'un homme pratique qui connaît d'autant mieux la valeur des différents ouvrages de serrurerie, que lui-même a façonné pendant longtemps de sa propre main ces ouvrages, qu'il a vieilli dans le métier, et que depuis longtemps *il ne s'occupe exclusivement que du métrage et de la vérification des travaux de cette industrie.* Elle est la seule qui ait reçu la sanction de la Société centrale des architectes.

La *Série Pichon* a été accueillie comme devait l'être un travail aussi consciencieux et aussi utile. Elle a mérité à la fois,—chose rare,—l'approbation des architectes et celle des entrepreneurs, c'est-à-dire qu'entre les intérêts opposés des uns et des autres, elle est devenue comme une sorte d'arbitre aux jugements duquel chacun sent qu'il a intérêt à se soumettre.

Cette *Série* a eu d'ailleurs tous les genres de succès; après avoir conquis les suffrages de toutes les personnes compétentes, elle a eu l'honneur,—honneur peu profitable, il est vrai,—d'exciter l'envie et la convoitise. De hardis plagiaires, tentés par le bien d'autrui, n'ont pas craint de s'approprier en partie l'œuvre de M. Pichon, poussant l'amour du plagiat, les imprudents, jusqu'à reproduire naïvement les erreurs qui s'étaient glissées dans le travail original.

A la demande de plusieurs de MM. les architectes et de quelques entrepreneurs sérieux, l'auteur a divisé le travail en deux parties, dont une applicable dans les travaux de réparations, et l'autre aux grands travaux neufs, dont les prix sont portés à la limite du possible d'exécution, d'après les prix de revient de travaux exécutés. Tous les sous-détails sont revus chaque année suivant les variations des matières premières, et les nouveaux moyens d'exécution d'après les premiers praticiens.

TARIF

DE

SERRURERIE

SOUS-DÉTAILS

Nos d'ord. correspond.	Désignation	fr. c.	fr. c.	Grands trav. neufs. la pièce.
	ANNEAUX DE TRAPPE ENTAILLÉS			
5	De 0,08 de diamètre	» 97		
	Pose	» 40		
	Faux frais 1/4	» 08		
		1 45		
	Bénéfice 1/6e	» 24		
		1 69	......	1 70
	BARRES DE FERMETURES			le mètre.
15	8 k. 30 de fer compris déchet à 43	1 63		
	Façon	1 25		
	Faux frais 1/4	» 31		
		3 19		
	Bénéfice 1/6e	» 53		
		3 72	......	3 75
	GACHES DROITES POUR BARRE			
20	Tôle	» 20		
	Façon et pose	» 50		
	Faux frais 1/4	» 13		
	Vis	» 05		
		» 88		
	Bénéfice 1/6e	» 15		
		1 03	......	1 05
	BALCONS DE TERRASSE			
	Avec double châssis par le haut et frise en fonte. Barreaux ronds.			
27	106 k. 00 de fer à 45 fr.	47 70		
	Plus-value de la frise	4 »		
		51 70		
	Bénéfice 1/10e	5 17		
		56 87	56 87	
	Main-d'œuvre	20 »		
	Faux frais 1/4	5 »		
	Charbon	3 »		
		28 »		
	Bénéfice 1/6e	4 66		
	BECS DE CANNE DE VOLETS	32 66	32 66	90 »
32	De 0,035 × 0,060	1 10	89 53	
	Vis	» 05		
	Pose	» 30		
	Faux frais 1/4	» 08		
		1 53		
	Bénéfice 1/6e	» 26		
		1 80	......	1 80

Nos d'ord. correspond.	Désignation	fr. c.	fr. c.	Grands trav. neufs. la pièce.
	BECS DE CANNE PÊNE AU MILIEU			
39	De 0,11	1 60		
	Apprêt et pose	» 40		
	Faux frais 1/4	» 10		
	Vis et rosette	» 10		
		2 20		
	Bénéfice 1/6e	» 37		
	BOUCLES DOUBLES A GIBECIÈRE	2 57	......	2 60
73	N. 2	» 90		
	Ajustement	» 25		
	Faux frais 1/4	» 06		
		1 21		
	Bénéfice 1/6e	» 20		
	BOULES DE RAMPES	1 41	......	1 45
85	De 0,070 de diamètre	1 30		
	Apprêt et pose	» 85		
	Faux frais 1/4	» 21		
		2 36		
	Bénéfice 1/6	» 39		
	BOULONS POUR CHARPENTES A têtes carrées, écrous et rondelles.	2 75	......	2 75
124	Boulons au-dessus de 3 kil. Fer en œuvre 106 k. à 45	47 70		
	Bénéfice 1/10	4 77		
		52 47	52 47	
	Façon	16 »		
	Faux frais 1/4	4 »		
	Charbon	4 »		
		24 »		
	Bénéfice 1/6e	4 »		
	BOUTONS DE TIRAGE EN CUIVRE	28 »	28 »	
147	De 0,050 de diamètre	» 85	80 47	81 »
	Apprêt et pose	» 20		
	Faux frais 1/4	» 05		
		1 10		
	Bénéfice 1/6e	» 19		
	BOUTONS ID. ANTIQUES PLEINS	1 29		0
158	De 0.050 de diamètre	1 15		
	Apprêt et pose	» 20		
	Faux frais 1/4	» 05		
		1 40		
	Bénéfice 1/6e	» 23		
		1 63	......	1 65

Nos d'ord. corres pond.		fr. c.	fr. c.	Grands trav. neufs. la pièce.
	BOUTONS DOUBLES CAMARDS A PERLES.			
177	N. 1. 0,035 × 0,019..	» 50		
	Ajustement..	» 25		
	Faux frais 1/4.	» 06		
		» 81		
	Bénéfice 1/6e.	» 14		
	BOUTONS A OLIVE EN CUIVRE A bascule, crampon et rosette:	» 95	.....	» 95
264	N. 1.	» 25		
	Crampon, rosette et vis.	» 15		
	Pose.	» 15		
	Faux frais 1/4.	» 04		
		» 59		
	Bénéfice 1/6e.	» 09		
		» 68	....	» 70
	CHAINETTES EN CUIVRE			
296	N. 2.	1 50		
	Rosette et vis.	» 15		
	Ajustement et pose.	» 75		
	Faux frais 1/4.	» 19		
		2 59		
	Bénéfice 1/6e.	» 43		
	CHARNIÈRES ORDINAIRES En feuillure	3 02	.....	3 05
310	De 0,011 jusqu'à 0,030 de lames.	» 12		
	6 vis, 20,20.	» 05		
	Pose.	» 14		
	Faux frais 1/4.	» 04		
		» 35		
	Bénéfice 1/6e.	» 06		
	CHARNIÈRES TOUTES CARRÉES	» 41	....,.	» 45
326	De 0,11..	» 30		
	10 vis, 21,22.	» 08		
	Pose.	» 15		
	Faux frais 1/4.	» 04		
		» 57		
	Bénéfice 1/6e.	» 09		
		» 70	.....	» 70
	CHARNIÈRES NOEUDS SOUDÉS			
374	Nœud de 0,040.	» 70		
	Apprêt et 2 soudures.	» 50		
	Faux frais 1/4.	» 12		
	1 broche.	» 04		
	Charbon.	» 20		
		» 56		
	Bénéfice 1/6e.	» 26		
		1 82		
	A déduire 0,33 de branches.	» 95		
		0 87	» 87	» 90
375	1,00 de fer pour 0,040.	» 60		
	Façon et entailles.	1 20		
	Faux frais 1/4.	» 30		
	Vis.	» 15		
	Clous rivés.	» 20		
		2 45		
	Bénéfice 1/6e.	» 41		
	CHARNIÈRES A BRANCHES De pentures, têtes en cuivre.	2 86	.....	2 90
390	De 0,047 de large.	4 75		
	Apprêt et pose.	1 75		
	Faux frais 1/4.	» 44		
	Vis.	» 50		
	Clous rivés.	» 15		
		7 59		
	Bénéfice 1/6e.	1 26		
		8 85	.....	8 85

Nos d'ord. corres pond.		fr. c.	fd. c.	Grands trav. neufs. la pièce.
	COLLIERS A SCELLEMENT			
429	Pour tuyaux de 0,067 en fer de 0,047 × 0,006.			
	0,36 de fer plat 0 k. 44 à 47 fr.	» 20		
	Façon.	» 08		
	Faux frais	» 02		
		» 30		
	Bénéfice 1/6e.	» 05		
		» 35	.....	» 35
431	Pour tuyaux de 0,112; fer de 0,034 × 0,006			
	0,48 de fer plat, 0,76 à 47 fr.	» 37		
	Façon.	» 12		
	Faux frais 1/4.	» 03		
		» 52		
	Bénéfice 1/6.	» 08		
		» 60	.....	» 80
	CRÉMONES FONTES			
438	De 0,014 de diamètre.	2 50		
	Vis.	» 25		
	Apprêt et pose.	» 50		
	Faux frais 1/4.	» 12		
		3 37		
	Bénéfice 1/6.	» 56		
		3 93	.....	3 95
	CROCHETS PLATS POLIS			
451	De 0,08.	» 13		
	Vis et tire-fond.	» 05		
	Pose.	» 05		
	Faux frais 1/4.	» 01		
		» 24		
	Bénéfice 1/6e.	» 04		
		» 28	.....	» 28
	CROCHETS RONDS Avec 2 tire-fonds.			
454	De 0,11.	» 20		
	Pose.	» 05		
	Faux frais 1/4.	» 01		
		» 26		
	Bénéfice 1/6e.	» 04		
		» 30	.....	» 30
	ÉQUERRES SIMPLES Compris entailles et vis.			
465	De 0,16.	» 05		
	Vis à garnir.	» 03		
	Pose.	» 04		
	Faux frais 1/4.	» 01		
		» 13		
	Bénéfice 1/6e.	» 02		
		» 15	.....	» 15
	ÉQUERRES DOUBLES ORDINAIRES Jusqu'à 1,00 développées, entaillées, fixées avec vis à garnir.			
473	Équerre.	» 35		
	Apprêt et pose.	» 20		
	Faux frais 1/4.	» 05		
	Vis à garnir.	» 06		
		» 66		
	Bénéfice 1/6e.	» 11		
		» 77	.....	» 80
	ÉQUERRES DOUBLES FORGÉES A congé dans les angles, entaillées avec vis tournées.			
476	Fer de 0,025 × 0,005.	» 40		
	Façon et pose.	» 80		
	Faux frais 1/4.	» 20		
	Vis.	» 12		
	Charbon.	» 12		
		1 64		
	Bénéfice 1/6e.	» 27		le mètre.
		1 91	.....	1 95

Page 5

Nos d'ord. corr.		fr. c.	fr. c	Grands trav. neufs. la pièce.
	FICHES A BOUTON			
	Posées sur tréteaux.			
512	De 0,095.	» 10		
	Pointes.	» 02		
	Pose.	» 10		
	Faux frais.	» 02		
		» 24		
	Bénéfice 1/6e.	» 04		
		» 28	......	» 28
	FLÉAU DE PERSIENNE			
	Poli renforcé avec support à vis de pression.			
538	De 0.22.	1 60		
	Vis et clous rivés.	» 20		
	Pose.	» 25		
	Faux frais 1/4.	» 06		
		2 11		
	Bénéfice 1/6e.	» 35		
		2 46	......	2 50
	GACHES			
	Pour becs de canne ordinaire et serrures tour demi.			
555	Gâche encloisonnée.	» 30		
	Pose.	» 12		
	Faux frais 1/4.	» 03		
	Vis.	» 06		
		» 51		
	Bénéfice 1/6e.	» 09		
		» 60	......	» 60
	En tôle coudée, suivant la place de la hauteur du bec de canne.			
558	Tôle	» 15		
	Façon et pose.	» 30		
	Faux frais 1/4.	» 07		
	Vis.	» 04		
		» 56		
	Bénéfice 1/6e.	» 09		
		» 65	......	» 65
	GACHES A PATTE			
561	Gâche de 0,10.	» 55		
	Pose.	» 15		
	Faux frais 1/4.	» 04		
	Vis.	» 10		
		» 84		
	Bénéfice 1/6e.	» 14		
		» 98	......	1 »
	GACHES			
	Pour serrures, pêne dormant, sûreté et deux pênes.			
570	Encloisonnées.	» 35		
	Pose.	» 16		
	Faux frais 1/4.	» 04		
	Vis.	» 08		
		» 63		
	Bénéfice 1/6e.	» 11		
		» 74	......	» 75
572	Gâche à rouleau et moulure en cuivre.			
	Pose.	1 50		
	Faux frais 1/4.	» 20		
	Vis.	» 05		
		» 08		
		1 83		
	Bénéfice 1/6e.	» 30		
		2 13	......	2 15
	GACHES A PATTES FORTES			
575	De 0,10 de large.	» 90		
	Pose.	» 20		
	Faux frais 1/4.	» 05		
	Vis.	» 12		
		1 27		
	Bénéfice 1/6e.	» 21		
		1 48	......	1 50

Page 6

Nos d'ord. corr.		fr. c.	fr. c	Grands trav. neufs. la pièce.
	GACHES COUDÉES			
	Tôle forte.			
579	Tôle.	» 20		
	Façon et pose.	» 40		
	Faux frais 1/4.	» 10		
	Vis.	» 08		
		» 78		
	Bénéfice 1/6e.	» 13		
		» 91	......	» 95
	GACHES A PATTES			
	Pour verrous et targettes.			
580	De 0,035.	» 25		
	Vis.	» 05		
	Pose.	» 10		
	Faux frais 1/4.	» 03		
		» 43		
	Bénéfice 1/6e.	» 07		
		» 50	......	» 50
	GACHES A PATTES RENFORCÉES			
	Polies à vive arête.			
587	De 0,055.	» 55		
	Vis.	» 06		
	Pose.	» 15		
	Faux frais 1/4.	» 04		
		» 80		
	Bénéfice 1/6e.	» 13		
		» 93	......	» 95
	GRILLES DORMANTES			
	Barreaux ronds, avec sommiers, haut et bas et traverse au milieu en fer méplat, évidés à froid.			
666	106 kil. de fer à 45 fr.	47 70		
	Bénéfice 1/10e.	4 77		
		52 47	52 47	
	Charbon.	2 »		
	Façon.	12 »		
	Faux frais 1/4.	3 »		
		17 »		
	Bénéfice 1/6e.	3 »		
		20 »	20 »	
	Les mêmes, avec lances en fonte et pontets.			
	106 kil. de fer à 45 fr.	47 70	72 47	73 »
	Plus-value de la fonte.	5 »		
		52 70		
	Bénéfice 1/10e.	5 27		
		57 97	57 97	
667	Charbon.	2 »		
	Façon.	16 »		
	Faux frais 1/4.	4 »		
		22 »		
	Bénéfice 1/6e.	3 66		
		25 66	25 66	
	GROS FERS		83 63	84 »
	Vieux fers façonnés et posés en place.			
674	Charbon.	3 »		
	Façon.	8 »		
	Faux frais 1/4.	2 »		
		13 »		
	Bénéfice 1/6e.	2 17		
		15 17	......	16 »

GROS FERS FOURNIS

En fer de 1re classe au cours de 43 fr.

Nos d'ord. corr.	Désignation	fr. c.	fr. c.	Grands trav. neufs. la pièce.
	Fers coudés, tirants chevêtre, etc.			
677	100 kil. de fer à 43 fr.	43 »		
	3 kil. de clous.	2 10		
	Charbons.	2 »		
		47 10		
	Bénéfice 1/10e	4 71		
		51 81	51 81	
	Façon.	7 »		
	Faux frais 1/1.	2 »		
		9 »		
	Bénéfice 1/6e	1 50		
		10 50	10 50	
			62 31	63 »
	Fers coudés pour étriers.			
678	96 kil. de fer à 43 fr.	41 28		
	10 kil. de clous à 70 c.	7 »		
	Charbon.	3 »		
		51 28		
	Bénéfice 1/10e	5 12		
		56 40	56 40	
	Façon.	11 »		
	Faux frais 1/4.	2 75		
		13 75		
	Bénéfice 1/6.	2 29		
		16 04	16 04	
			72 44	73 »
	Fermes de planchers en fer plat assemblés.			
683	106 kil. de fer en œuvre à 43 fr.	45 58		
	Charbon.	1 50		
		47 08		
	Bénéfice 1/10e	4 70		
		51 78	51 78	
	Façon.	15 »		
	Faux frais 1/4.	2 75		
		17 75		
	Bénéfice 1/6e	2 96		
		20 71	20 71	
			72 49	73 »
	Planchers en fer à T de 1re classe.			
684	Fers en œuvre 102 kil. à 49 fr. compris entrée.	49 98		
	Bénéfice 1/10e	4 99		
		54 97	54 97	
	Façon.	2 25		
	Faux frais 1/4.	» 56		
	Charbon.	» 60		
		3 41		
	Bénéfice 1/6e	» 57		
		3 98	3 98	
			58 95	59 »
	Poitrails assemblés en fer à triple I de 0.26.			
687	100 kil. à 53.	53 »		
	Bénéfice 1/10e	5 30		
		58 30	58 30	
	Façon.	4 50		
	Faux frais 1/4.	1 12		
	Charbon.	» 50		
		6 12		
	Bénéfice 1/6e	1 02	7 14	
		7 14	65 44	66 »

LANTERNES

En fer, à moulures, avec sommiers et supports ajustés et posés en place.

Nos d'ord. corr.	Désignation	fr. c.	fr. c.	Grands trav. neufs. les 100 k.
	Grandes lanternes.			
691	35 kil. de fer plat et carré à 43 fr.	15 05		
	72 kil. de fer à moulures à 55 fr.	39 60		
	Charbon.	2 »		
		56 65		
	Bénéfice 1/10e	5 66		
		62 31	62 31	
	Façon.	40 »		
	Faux frais 1/4.	10 »		
		50 »		
	Bénéfice 1/6e	8 33		
		58 33	58 33	
			120 64	121 »
	LOQUETEAUX A POMPE			
696	Ordinaires.	» 35		
	Vis, anneau et tirage.	» 20		
	Pose.	» 20		
	Faux frais 1/4.	» 05		
		» 80		
	Bénéfice 1/6e	» 13		
		» 93	. , ...	» 95
	LOQUETS RENFORCÉS POLIS — Bouton olive rond.			
707	De 0,30.	1 65		
	Vis et 2 fortes rosettes.	» 40		
	Pose.	» 40		
	Faux frais 1/4.	» 10		
		2 55		
	Bénéfice 1/6e	» 43		
		2 98	. . . . . .	3 »
	PANNETONS DE VOLETS MOBILES — Marchands, pour devanture, compris vis et clous rivés.			
726	Panneton droit de 0,16.	» 20		
	Vis et clou rivé.	» 10		
	Apprêt et pose.	» 15		
	Faux frais 1/4.	» 04		
		» 49		
	Bénéfice 1/6e	» 08		
		» 57	. . . . . .	» 60
	PATTES A SCELLEMENT			
748	Faites exprès pour huisseries et devantures, de 0,20 à 24.	» »		
	Fer.	» 25		
	Charbon.	» 05		
	Vis.	» 03		
	Façon et pose	» 25		
	Faux frais 1/4.	» 06		
		» 64		
	Bénéfice 1/6.	» 11		
		» 75	. . . . . .	» 75
	PAUMELLES à T — Gonds à scellement.			
750	De 0,16.	» 30		
	Vis et clou rivé	» 10		
	Pose.	» 15		
	Faux frais 1/4.	» 04		
		» 59		
	Bénéfice 1/6e	» 09		
		» 68	. . . . . .	» 70

Nos d'ord. corr.		fr. c.	fr. c.	Grands trav. neufs, la pièce.
	PAUMELLES DOUBLES			
758	De 0,16..	» 40		
	Vis.	» 10		
	Pose.	» 20		
	Faux frais 1/4.	» 05		
		» 75		
	Bénéfice 1/6e .	» 12		
	PAUMELLES DOUBLES	» 87	......	» 90
	En fer, polies, nœuds à boules, entaillées en feuillures.			
771	De 0,16	» 70		
	Vis.	» 10		
	Pose.	» 25		
	Faux frais 1/4	» 06		
		1 11		
	Bénéfice 1/6e..	» 19		
	PENTURES	1 30	......	1 30
	Ordinaires, non élargies, chanfreinées au marteau (non compris gonds), posées avec clous doux et un clou rivé.			
799	De 0,50..	» 55		
	Clous.	» 10		
	Pose..	» 25		
	Faux frais 1/4.	» 06		
		» 96		
	Bénéfice 1/6..	» 16		
	PENTURES DU COMMERCE	1 12	......	1 15
	Elargies au collet, en congé, limées sur champ, pour être entaillées à fleur-bois, compris vis et clous rivés.			
807	De 0,50 de long, 0,050 de large, id.	» 60		
	Vis et clou.	» 10		
	Apprêt et pose.	» 50		
	Faux frais 1/4.	» 12		
		1 32		
	Bénéfice 1/6e .	» 22		
	PETITS BOIS POUR DEVANTURES ET PORTES VITRÉES	1 54	......	1 55
	Fers à moulures à feuillures de 0,050	0,025 avec empattements en T de chaque bout, bien dressées, ébarbés à la lime et percés de trous pour les verres posés en place avec vis.			le mètre.
817	Fer 3 kil. 65 à 55.	2 »		
	Façon le mètre.	1 »		
	Faux frais 1/4.	» 25		
		3 25		
	Bénéfice 1/6e .	» 54		
	PETITS BOIS DEMI-RONDS	3 79	......	3 80
	et feuillures de 0,016 de diamètre.			
820	Fer 2 kil. 00 à 60.	1 20		
	Façon le mètre.	» 60		
	Faux frais 1/4.	» 15		
		1 95		
	Bénéfice 1/6e.	» 32		
	PIVOTS BOURDONNIÈRES	2 27	......	2 30
	Et équerres de portes cochères percés et limés pour être entaillés.			
838	110 kil. de fer en œuvre, à 43 fr.	47 30		
	Charbon.	7 50		
		54 80		
	Bénéfice 1/10e.	5 48		
		60 28	60 28	
	Façon.	30 »		
	Faux frais 1/4.	7 25		
		37 25		
	Bénéfice 1/6e.	6 20		
		43 45	43 45	les 100 kil.
			103 73	104 »

Nos d'ord. corr.		fr. c.	fr. c.	Grands trav. neufs, la pièce.
	PIVOTS A ÉQUERRE A COL DE CYGNE			
840	De 0,20 de branches.	» 70		
	Vis.	» 15		
	Apprêt et pose.	» 40		
	Faux frais 1/4e.	« 10		
		1 35		
	Bénéfice 1/6e.	» 22		
	PIVOTS A BOULES TOURNÉES	1 57	......	1 60
	À équerre, à col de cygne, posés en place, entaillés, fixés avec vis.			
847	De 0,16 de branches.	1 30		
	Vis.	» 12		
	Pose.	» 40		
	Faux frais 1/4.	» 10		
		1 92		
	Bénéfice 1/6e..	» 32		
	ACCESSOIRES DE CES 2 PIVOTS	2 24	......	2 25
849	Crapaudine à patte, à boule tournée.	1 »		
	Vis.	» 08		
	Pose.	» 25		
	Faux frais 1/4.	» 06		
		1 39		
	Bénéfice 1/6e.	» 23		
		1 62	......	1 65
850	Crapaudine, tête tournée à pointe.	» 40		
	Pose..	» 20		
	Faux frais 1/4.	» 05		
		» 65		
	Bénéfice 1/6e.	» 11		
		» 76	......	» 80
851	Crapaudine, tournée, montée sur platine, entaillée sur le parquet, avec 4 vis.	» 40		
	Platine.	» 10		
	Vis.	» 10		
	Façon et pose.	» 60		
	Faux frais 1/4.	» 15		
		1 35		
	Bénéfice 1/6e.	» 22		
	PIVOTS DE SIÉGE	1 57	......	1 60
	En cuivre, à tourillon et à patte, avec crapaudine à patte. entaillés, fixés avec 4 vis.			
880	N. 1.	» 35		
	Vis.	» 06		
	Apprêt et pose.	» 25		
	Faux frais 1/4.	» 06		
		» 72		
	Bénéfice 1/6e.	» 12		
	PLATES-BANDES D'ASSEMBLAGES	» 84	......	85 »
	De limons d'escalier, entaillées, fixées avec vis (fer de roche).			
883	Fer de 0,034 $\times$ 0,005, 1 kil. 30 à 51.	» 66		
	Vis.	» 20		
	Façon.	1 50		
	Faux frais 1/4.	» 37		
		2 73		le mètre.
	Bénéfice 1/6e.	» 45		
	POIGNÉES A PATTES	3 18	......	3 20
	Posées avec 2 vis.			
889	Ordinaires.	» 12		
	Vis.	» 02		
	Pose..	» 05		
	Faux frais 1/4..	» 01		
		» 02		
	Bénéfice 1/6e.	» 03		la pièce.
		» 23	......	» 23

Page 11

Nos d'ord. corr.	POIGNÉES TOURNANTES	fr. c.	fr. c.	Grands trav. neufs. la pièce.
	Sur platines, pitons à olive, entaillées avec 2 vis et un clou rivé.			
892	Platine de 0,19.	» 30		
	Vis et clou rivé.	» 07		
	Apprêt et pose.	» 20		
	Faux frais 1/4.	» 05		
		» 62		
	Bénéfice 1/6e.	» 10		
		» 72	» 75	
	RAMPES A POINTES			
	Sur limon, fer rond de 0,016, les barreaux espacés de 0,16 du milieu des fers, recouverts d'une plate-bande en bandelette, les barreaux ornés d'astragales en cuivre, le mètre linéaire mesuré sur la plate-bande.			
896	5,00 fer rond de 0,016, 7 kil. 75 à 47.	3 64		
	1,00 bandelette, 1 kil. 25 à 51 fr.	» 64		
	Charbon.	» 50		
		4 78		
	Bénéfice 1/10e.	» 47		le mètre.
		5 25	5 25	
	Goujons.	» 10		
	Astragale.	» 30		
	Façon.	2 »		
	Faux frais 1/4.	» 50		
		2 90		
	Bénéfice 1/6e.	» 48		
		3 38	3 38	
	Rampes à col de cygne, à pointe.		8 63	8 50
	Barreaux de 0,016, ornés de rosaces et astragales en cuivre, main-courante et bandelette.			
900	6,00, fer rond de 0.016 9 kil. 30 à 47.	4 37		
	1,00, plate-bande 1 kil. 25 à 51.	» 64		
	Charbon.	» 60		
		5 61		
	Bénéfice 1/10e.	» 56		
		6 17	6 17	
	Vis.	» 25		
	Astragale	» 30		
	Rosaces.	» 60		
	Façon.	3 »		
	Faux frais 1/4.	» 75		
		4 90		
	Bénéfice 1/6e.	» 81		
		5 71	5 71	
			11 88	12 »
	RAMPES A PITONS			
	Fer rond de 0.016, pitons en fonte à vis et rosaces, et chapiteaux à boules, recouverts d'une main-courante en bandelette.			
907	4,50, fer rond de 0,016, 6 k. 97 à 47.	3 27		
	1,00, plate-bande, 1 k. 50 à 51.	» 76		
	Charbon.	» 40		
		4 43		
	Bénéfice 1/10e.	» 44		
		4 87	4 87	
	Vis.	» 25		
	Garniture en fonte	5 »		
	Façon.	5 »		
	Faux frais 1/4.	1 25		
		11 50		
	Bénéfice 1/6e.	1 91		
		13 41	13 41	
			18 28	18 50

Page 12

Nos d'ord. corr.		fr. c.	fr. c.	Grands trav. neufs. la pièce.
	SERRURES D'ARMOIRE			
	Bon poussé, pêne au milieu, posées en place avec vis, entrées et gâches en tôle, entaillées, fixées avec vis.			
912	De 0,07.	1 60		
	Vis.	» 12		
	Tôle pour gâche et entrée.	» 10		
	Pose et façon de gâche.	» 50		
	Faux frais 1/4.	» 12		
		2 44		
	Bénéfice 1/6e.	» 41		
		2 85		2 85
	SERRURES D'ARMOIRE POLIE			
	Première qualité, de toutes fabriques, sans canon.			
920	De 0,07.	2 10		
	Vis et tôle *id.*	» 22		
	Pose et façon de gâche.	» 50		
	Faux frais 1/4.	» 12		
		2 94		
	Bénéfice 1/6e.	» 49		
		3 43		3 45
	SERRURES A PÊNE DORMANT			
	Renforcées, pêne à congé.			
940	De 0,14.	3 60		
	Vis et entrée.	» 20		
	Apprêt et pose.	» 50		
	Faux frais 1/4.	» 12		
		4 42		
	Bénéfice 1/6e.	» 73		
		5 15		5 15
	SERRURES DE SURETÉ A PÊNE DORMANT			
	Bon poussé, garnitures blanchies.			
947	De 0,14.	7 »		
	Vis et entrée.	» 20		
	Apprêt et pose.	» 50		
	Faux frais 1/4.	» 12		
		7 82		
	Bénéfice 1/6e.	1 30		
		9 12		9 15
	SERRURES A TOUR ET DEMI			
	Bon poussé, pêne au milieu, bouton de coulisse en cuivre, pose, vis et entrée.			
954	De 0,14.	2 75		
	Vis et entrée.	» 20		
	Apprêt et pose.	» 50		
	Faux frais 1/4.	» 12		
		3 57		
	Bénéfice 1/6e.	» 59		
		4 16		4 20
	SERRURES A 2 PÊNES A FOLIOT			
	Poussé, ou polies ordinaires, compris pose, vis entrée et rosette ordinaire.			
961	De 0,14.	3 65		
	Vis, entrée, rosette.	» 25		
	Apprêt et pose.	» 60		
	Faux frais 1/4.	» 15		
		4 65		
	Bénéfice 1/6e.	» 77		
		5 42		5 45
	SERRURES A 2 PÊNES			
	A foliot, polies, première qualité de toutes fabriques.			
965	De 0,14.	4 75		
	Vis, entrée et rosette	» 25		
	Apprêt et pose.	» 60		
	Faux frais 1/4.	» 15		
		5 75		
	Bénéfice 1/6e.	» 95		
		6 70		6 70

Page 13

Nos d'ord. corr.		fr. c.	fr. c.	Grands trav. neufs. la pièce.
	SERRURES DE SURETÉ			
	Bon poussé, demi-cloison, posées en plaée avec vis et entrée.			
	Bon poussé, ordinaire.			
975	De 0,14.	7 »		
	Vis et entrée.	» 20		
	Apprêt et pose..	» 50		
	Faux frais 1/4..	» 12		
		7 82		
	Bénéfice 1/6e.	1 30		
		9 12	......	9 15
	Id., garniture blanchie.			
	Première qualité de toutes fabriques (Fenquières).			
979	De 0,14.	9 50		
	Vis et entrée.	» 20		
	Apprêt et pose.	» 50		
	Faux frais 1/4..	» 12		
		10 32		
	Bénéfice 1/6e.	1 72		
		12 05	......	12 05
	SONNETTES ET ACCESSOIRES			
	Sonnettes posées en place, compris ressort et support à pointe.			
1015	N. 3..	» 45		
	Ressort de 0,020..	» 30		
	Pointe..	» 05		
	Montage et pose	» 60		
	Faux frais 1/4	» 15		
		1 55		
	Bénéfice 1/6e.	» 26		
		1 81	......	1 85
	TIMBRES POLIS			
	Montés sur platines avec marteau à détente, posés en place.			
1025	De 0,08 de diamètre..	2 75		
	Apprêt et pose..	1 20		
	Faux frais 1/4..	» 30		
	Vis.	» 10		
		4 35		
	Bénéfice 1/6e.	» 72		
		5 07	......	5 10
	BASCULES SIMPLES			
	De 0,50 à fourreau, garnies en cuivre, chaque bout.			
1034	Deux branches en cuivre..	» 24		
	Fil de fer et viroles en cuivre.	» 20		
	Tuyau..	» 15		
	Façon et pose..	1 »		
	Faux frais 1/4..	» 25		
		1 84		
	Bénéfice 1/6e.	» 41		
		2 15	......	2 15
	CORDONS DE PORTES COCHÈRES			
	Bascule id., à tourillon			
	Montée sur deux supports à pointe, à talon, garnis en cuivre.			
1074	Tige, branches et supports..	» 60		
	Charbon.	» 30		
	Cuivre.	» 12		
	Façon et pose..	2 25		
	Faux frais 1/4..	» 56		
		3 83		
	Bénéfice 3/6e.	» 64		
		4 47	......	4 50

Page 14

Nos d'ord. corr.		fr. c.	fr. c.	Grands trav. neufs. le mètre.
	TRINGLES BRUTES POUR CHASSIS			
1150	De 0,020, compris déchet, 2 k. 60 à 47..	1 22		
	Façon.	» 20		
	Faux frais 1/4	» 05		
		1 47		
	Bénéfice 1/6e.	» 25		
		1 72	......	1 75
	VERROUS A RESSORT			
	Quart placard.			
1182	De 0,16.	» 40		
	Vis.	» 06		
	Pase..	» 15		
	Faux frais 1/4.	» 04		
		» 65		
	Bénéfice 1/6e.	» 11		
		» 76	......	» 80
	Idem.			
	Demi-placard.			
1191	De 0,20.	» 60		
	Vis.	» 10		
	Pose.	» 15		
	Faux frais 1/4..	» 04		
		» 89		
	Bénéfice 1/6e.	» 15		
		1 04	......	1 05
	Idem.			
	Trois-quarts placard.			
1199	De 0,30.	1 30		
	Vis.	» 12		
	Pose..	» 20		
	Faux frais 1/4..	» 05		
		1 67		
	Bénéfice 1/6e.	» 28		
		1 95	......	1 95
	VERROUS A RESSORT PLACARD			
1205	De 0,30.	1 60		
	Vis.	» 15		
	Pose..	» 30		
	Faux frais 1/4..	» 07		
		2 12		
	Bénéfice 1/6e.	» 35		
		2 47	......	2 50
	VERROUS TIGE DEMI-RONDE			
	1⟋2 plac. polis, boutons en fer tourné, à pater.			
1227	De 0,16.	1 10		
	Vis.	» 10		
	Pose..	» 30		
	Faux frais 1/4.	» 07		
		1 57		
	Bénéfice 1/6e.	» 26		
		1 83	......	1 85
	VERROUS TIGE DEMI-RONDE			
	Trois-quarts placards, polis, bouton à pater.			
1236	De 0,30.	1 80		
	Vis.	» 12		
	Pose..	» 30		
	Faux frais 1/4..	» 07		
		2 29		
	Bénéfice 1/6e.	» 39		
		2 67	......	2 70

FIN DES SOUS-DÉTAILS.

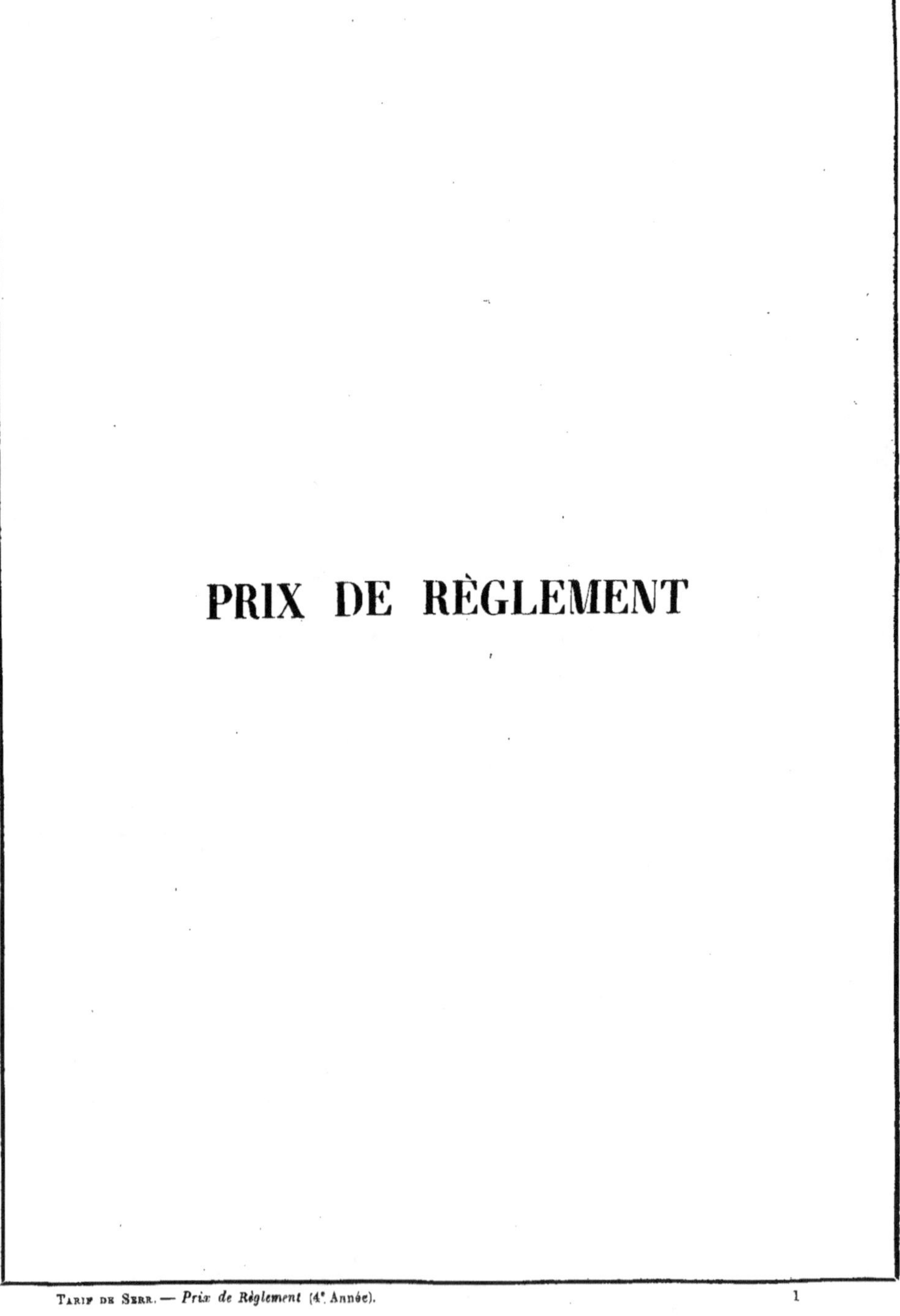

PRIX DE RÈGLEMENT

AVIS DE L'AUTEUR

Les prix indiqués dans la première colonne sont applicables à tous les travaux neufs au-dessus de 2,000 fr.

Ceux de la deuxième colonne sont applicables à tous les petits travaux neufs au-dessous de 2,000 fr., et à tous les travaux en réparation, quel qu'en soit le chiffre.

TARIF
DE
SERRURERIE

PRIX DE RÈGLEMENT
Établis d'après des Sous-Détails

ARTICLES SPÉCIAUX D'ÉCURIE

Nos d'ord.		Grands Travaux neufs.	Travaux en réparat.
	ANNEAUX	fr. c. la pièce.	
1	Anneau brut en fer de 0,06 à 0,08 de diamètre tirefond à vis.	0 45	» 50
2	Anneau poli ou étamé *id*. tige à vis, tête à boule.	1 20	1 30
3	Anneau à col de cygne en fer *id*.	2 10	2 20
4	Anneau en cuivre poli à boule de 0,06 de diamètre.	1 35	1 45
5	Anneau *id*. de 0,068 de diamètre	1 55	1 65
6	Anneau *id*. de 0,075 de diamètre.	1 90	2 »
7	Anneau *id*. renforcé de 0,060 de diamètre.	1 70	1 80
8	Anneau à col de cygne plein en cuivre n° 1.	2 35	2 50
9	Anneau à col de cygne *id*. n° 2.	2 95	3 10
10	Anneau à col de cygne *id*. n° 3.	3 50	3 65
	COURONNEMENTS DE PILASTRES DE STALLES		
11	Boule en cuivre (bonnet d'évêque) modèle de St-Cloud, avec socle, posée en place avec vis.	47 »	49 »
12	Boule *id*. même modèle sans socle.	35 25	36 75
13	Boule en cuivre avec socle de 0,135 de diamètre, modèle de l'Elysée *id*.	27 »	28 25
14	Boule *id*. même modèle sans socle.	14 »	15 »
15	Boule en cuivre de 0 à 120 de diamètre, avec socle.	20 »	21 »
16	Boule forme gland de 0,135 de diamètre avec socle.	29 »	30 50
17	Boule de 0,135 de diamètre, pied à jonc, sans socle.	18 50	19 50
18	Boule de 0,180 de diamètre sans socle, surmontée d'une pointe.	38 25	40 »
19	Boule, modèle de boule de rampes de 0,180 de diamètre.	30 »	31 50
20	*Id*. de 0,165 de diamètre.	23 25	24 50
21	*Id*. de 0,150 de diamètre.	16 50	17 50
22	*Id*. de 0.135 de diamètre.	10 25	11 25
23	Tête de cheval, en fonte de fer, de 0,27 de haut sur 0,150 de large, posée avec vis.	16 »	17 »
	MANGEOIRE EN FONTE		
24	Mangeoire ovale de 0,82 × 0,50.	45 »	47 »
25	Mangeoire d'angle.	36 »	38 »
	PORTE-SELLE EN FONTES		
26	Porte-selle de 0,61 de long, tête à palmette de 0,24 formant 2 crochets.	11 25	12 50
27	Porte-selle de 0,60 de long, tête de cheval et console ornée montées sur empattement de 0,39 de haut.	30 75	32 50
	PORTE-SELLES EN FONTE (Suite).	la pièce.	
28	Porte-selle tête *id*. de 0,42 de saillie, console simple montée sur empattement de 026 de haut.	18 50	20 »
29	Porte-selle de 0.40 de long, tête de chien à console montée sur empattement de 0,22 de haut	17 50	19 »
	PORTE-SELLE EN CUIVRE		
30	Porte-selle en cuivre terminé en boule, cintré dans le bout en col de cigne, et à congé au collet formant T et à doubles tourillons et bourdonnières ornées de boules tournées, montés sur forte platine en cuivre posée avec 4 fortes vis.	22 »	23 »
	PORTE-BRIDES EN FONTE		
31	Porte-bride de 0,23, de long, tête à palmette de 0.24, même modèle que le porte-selle.	8 »	» »
32	Porte-bride à tête de lion formant rosace de 0,22 de diamètre, et serpent enroulé formant deux crochets, tige à scellement.	10 »	11 »
33	Porte-bride *id*. mais de 0,135 de diamètre.	8 »	9 »
34	Porte-bride tête de sanglier de 0,11 de saillie avec anneau.	8 »	9 »
35	Porte-bride tête de cerf de 0.11 de saillie avec anneau.	9 »	10 »
36	Porte-bride tige ronde de 0,175 de saillie, console et empattement de 0,16.	6 »	6 75
37	Porte-bride tête de cheval formant rosace de 0,34 × 0,12 avec doubles anneaux.	18 50	19 50
	PORTE-BRIDES EN CUIVRE		
38	Porte-bride à tourillons, bourdonnières et platine, même modèle que le porte-selle.	15 25	16 25
39	Porte-bride à col de cygne, formant boule et à embase, tige à vis, posé en place de 0,070 de long.	1 20	1 30
40	*Id*. de 0,080 de long.	1 40	1 50
41	*Id*. de 0,095 de long.	1 75	1 90
42	*Id*. de 0,135 de long.	1 95	2 10
	RATELIERS EN FER		
43	Ratelier demi circulaire, fer rond de 0,018, traverse du haut de 0,020, monté sur chassis fer de 0.022 × 0,011, de 0,52 × 0,98.	50 50	52 50
44	Ratelier d'angle *id*. de 0,52 × 0,98.	45 75	47 75

TRAVAUX DE BATIMENTS

AGRAFE ET CONTRE-PANNETON

DE VOLETS INTÉRIEURS.

(fr. c. — La paire)

Nos d'ord.	Désignation	Grands Travaux neufs.	Travaux en réparat.
1	La paire *id.* à croissant. moyen modèle...	1 »	1 20
2	La paire *id.* grand modèle...	1 15	1 35
3	La paire *id.* à patte, pour être entaillés...	1 40	1 60

ANNEAUX ÉTAMÉS

(la pièce.)

Nos d'ord.	Désignation	Grands Travaux neufs.	Travaux en réparat.
4	Pour tirage...	» 05	» 05

ANNEAUX DE TRAPPE

A charnière, forgés en demi-rond avec pitons tête carrée, tiges à vis, écrous et rondelles entaillés à fleur-bois de leur épaisseur.

Nos d'ord.	Désignation	Grands Travaux neufs.	Travaux en réparat.
5	De 0,08 de diamètre...	1 70	1 80
6	De 0.11 de diamètre...	2 »	2 10
7	Fort de 0,14 de diamètre pour fosse...	3 80	3 90
8	Renforcé de 0,14 à 0,16 de diamètre...	4 70	4 80

ARRÊTS DE PERSIENNES

BROCHES ET CHAINETTES

Nos d'ord.	Désignation	Grands Travaux neufs.	Travaux en réparat.
9	A scellement...	» 28	» 35
10	A pointe...	» 40	» 45
11	Une broche à œil et chaîne, en réparation...	» 25	» 25
12	Une mortaise dans la traverse...	» 08	» 10

ARRÊTS DE PERSIENNES A CHARNIÈRES

A BASCULE.

Nos d'ord.	Désignation	Grands Travaux neufs.	Travaux en réparat.
13	Légers à scellement, tête en fonte à mentonnet...	» 35	» 40
14	*Id.* renforsés...	» 50	» 60

BARRES DE FERMETURES DE BOUTIQUES

Nos d'ord.	Désignation	Grands Travaux neufs.	Travaux en réparat.
15	En fers de 0,050 × 0,010 avec empattements élargis, en congé de 0,065 × 0,012. Le mètre courant développé dans la longueur. *(le mètre)*	3 75	4 »
16	Plus value d'un empatement à 4 coudes, formant panneton, à agrafe dans le bout. *(la pièce.)*	3 »	3 50
17	Plus value d'un empatement à 2 coudes formant panneton...	1 50	1 75
18	Plus value d'un empattement simple droit...	1 »	1 25
19	Plus value des barres chanfreinées à moitié fer, avec portées carrées formant congé. Le mètre... *(le mètre)*	1 50	1 75

ACCESSOIRES DESDITES BARRES

(la pièce.)

Nos d'ord.	Désignation	Grands Travaux neufs.	Travaux en réparat.
20	Gâches droites en tôle de 0,003 d'épaisseur et 0,10 carré à mortaise entaillées dans le bois avec 4 vis, et compris la mortaise de la barre.	1 05	1 25
21	La même, coudée d'équerre de 0,14 × 0;10.	1 40	1 60

BATTEMENTS TÊTE ÉLARGIE

EN DEMI-ROND.

Nos d'ord.	Désignation	Grands Travaux neufs.	Travaux en réparat.
22	Droit à scellement...	» 10	» 15
23	Droit à pointe...	» 25	» 30
24	Coudé à deux coudes à scellement...	» 15	» 20
25	Coudé à deux coudes à pointe...	» 30	» 35

GRANDS BALCONS DE TERRASSE

(les 100 k.)

Nos d'ord.	Désignation	Grands Travaux neufs.	Travaux en réparat.
26	Avec ars-boutants à congé, châssis en fer carré, et remplissage barreaux ronds sans panneaux ni frise...		80 »
27	Le même avec double châssis par le haut et frise en fonte...		90 »
28	Le même avec frise, et panneaux en fonte ajustés entre deux arcs-boutants...		104 »
29	Le même avec frise, panneaux en fonte formant pilastre et remplissage en balustre de fonte...		119 »
30	Le même avec frise, panneaux et remplissage en panneaux de fonte...		128 »

BALCONS EN FONTE

(Voyez *Fontes.*)

BASCULE DE SONNETTES

(Voyez *Sonnettes.*)

BECS DE CANNES DE VOLETS

En cuivre, tiges à anneau compris pose, entailles et vis.

(la pièce.)

Nos d'ord.	Désignation	Grands Travaux neufs.	Travaux en réparat.
31	De 0,030 × 0,055...	1 70	1 90
32	De 0,035 × 0,060...	1 80	2 »
33	De 0,040 × 0,065...	1 90	2 10
34	De 0,045 × 0,070...	2 10	2 30
35	De 0,050 × 0,080...	2 25	2 45
36	De 0,055 × 0,085...	2 50	2 70
37	Gâches coudées pour lesdits...	» 40	» 50

BECS DE CANNE ORDINAIRES

Encloisonnés, pènes au milieu, posés en place avec vis et rosettes entaillées fixées avec vis (sans boutons ni gâche).

Nos d'ord.	Désignation	Grands Travaux neufs.	Travaux en réparat.
38	De 0,08...	2 35	2 65
39	De 0,11...	2 60	2 90
40	De 0.14...	3 40	3 70
41	De 0,16...	4 »	4 30

BECS DE CANNE RENFORCÉS

Nos d'ord.	Désignation	Grands Travaux neufs.	Travaux en réparat.
42	De 0,08...	2 80	3 10
43	De 0,11...	3 05	3 35
44	De 0,14...	3 75	4 05
45	De 0,16...	4 55	4 85
46	Les mêmes avec verrons de nuit en plus...	1 »	1 »

BECS DE CANNE EN LONG

Nos d'ord.	Désignation	Grands Travaux neufs.	Travaux en réparat.
47	De 0,06 à 0,08 × 0,10...	3 65	3 95
48	De 0,09 × 0,10...	3 95	4 25
49	De 0,10 × 0,10...	4 20	4 50

BECS DE CANNE DE TIRAGE

Encloisonnées à queue (non compris tirage).

Nos d'ord.	Désignation	Grands Travaux neufs.	Travaux en réparat.
50	De 0,04 à 0,05...	2 »	2 20

BÉQUILLES SIMPLES EN CUIVRE

Pour becs de canne et serrures.

Nos d'ord.	Désignation	Grands Travaux neufs.	Travaux en réparat.
51	A anneau renforcé...	1 15	1 25
52	A double anneau...	1 30	1 40
53	Pleines...	1 40	1 50
54	A col de cygne fortes...	1 85	1 95

Page 5

Nos d'ord.		Grands Travaux neufs.	Travaux en réparat.
	BÉQUILLES SIMPLES A BOULES RENFORCÉES	la pièce.	
55	Nº 1	1 10	1 20
56	Nº 2	1 25	1 40
57	Nº 3	1 45	1 55
58	Nº 4	1 60	1 75
	BÉQUILLES SIMPLES A BALUSTRE		
59	Nº 1	1 20	1 30
60	Nº 2	1 35	1 45
61	Nº 3	1 50	1 60
	BÉQUILLES SIMPLES A DOUBLE BALUSTRE		
62	Nº 1	1 30	1 40
63	Nº 2	1 50	1 60
64	Nº 3	1 75	1 90
	BÉQUILLES SIMPLES A QUEUE DE POIREAU		
65	Nº 1	1 50	1 60
66	Nº 2	1 75	1 90
67	Nº 3	2 10	2 25
	BÉQUILLES SIMPLES EN FER A PANS		
68	Nº 1	1 65	1 90
69	Nº 2	1 85	2 10
70	Nº 3	2 10	2 35
71	Nº 4	2 35	2 60
	BOUCLES DOUBLES A GIBECIÈRE		
72	Nº 1	1 35	1 55
73	Nº 2	1 45	1 65
74	Nº 3	1 55	1 75
75	Nº 4	1 65	1 80
	BOUCLES A BASCULE		
76	Nº 1	» 95	1 05
77	Nº 2	1 »	1 10
78	Nº 3	1 05	1 15
79	Nº 4	1 15	1 25
80	Nº 5	1 35	1 45
	BOULES DE RAMPES LÉGÈRES *En cuivre uni, ajustées en place et goupillées.*		
81	De 0,050 de diamètre	1 95	2 15
82	De 0,055 de diamètre	2 05	2 25
83	De 0,060 de diamètre	2 25	2 45
84	De 0,065 de diamètre	2 45	2 65
85	De 0,070 de diamètre	2 75	2 95
86	De 0,075 de diamètre	2 95	3 15
87	De 0,080 de diamètre	3 25	3 45
88	De 0,085 de diamètre	3 55	3 75
89	De 0,090 de diamètre	4 05	4 25
90	De 0,095 de diamètre	4 50	4 70
91	De 0,10 de diamètre	5 »	5 25
92	De 0,11 de diamètre	6 15	6 40
93	De 0,12 de diamètre	7 90	8 15
94	De 0,135 de diamètre	9 95	10 20
	BOULES DE RAMPES RENFORCÉES		
95	De 0,060 de diamètre	3 30	3 50
96	De 0,070 de diamètre	4 45	4 65
97	De 0,080 de diamètre	5 45	5 65
98	De 0,090 de diamètre	6 75	7 »
99	De 0,10 de diamètae	7 90	8 20
100	De 0,11 de diamètre	9 10	9 35
	BOULES DE RAMPES CISELÉES ET VERNIES		
101	De 0,09 de diamètre		11 40
102	De 0,10 de diamètre		14 90
103	De 0,11 de diamètre		20 15

Page 6

Nos d'ord.		Grands Travaux neufs.	Travaux en réparat.
	BOULES DE RAMPES EN CRISTAL *Blanc ou couleurs ordinaires, creuses.*	la pièce.	
104	De 0,080 de diamètre		9 65
105	De 0,090 de diamètre		11 40
106	De 0,10 de diamètre		13 70
107	De 0,11 de diamètre		16 05
108	De 0,12 de diamètre		19 55
109	De 0,14 de diamètre		27 70
	BOULES DE RAMPES EN CRISTAL *Blanc ou couleurs ordinaires, massives.*		
110	De 0,08 de diamètre		10 80
111	De 0,09 de diamètre		14 30
112	De 0,10 de diamètre		16 60
113	De 0,11 de diamètre		19 55
114	De 0,12 de diamètre		24 20
115	De 0,14 de diamètre		33 55
	BOULES DE RAMPES EN CRISTAL *Absinthe, creuses, pieds ciselés et vernis, et cristal blanc, dichroïde à côtes bleues, roses ou vertes.*		
116	De 0,080 de diamètre		13 15
117	De 0,090 de diamètre		15 45
118	De 0,10 de diamètre		19 »
119	De 0,11 de diamètre		21 85
120	De 0,12 de diamètre		27 70
121	De 0,14 de diamètre		39 40
	BOULES DE RAMPES EN PALISSANDRE		
122	De 0,10 à 0,11 de diamètre		10 80
	BOULES DE RAMPES EN MARBRE		
123	De 0,095 de diamètre		17 55
	BOULONS POUR CHARPENTES *à têtes carrées, écrous et rondelles.*	les 100 k.	
124	Au-dessus de 3 kil.	81 »	89 »
125	De 1 kil. 75 à 3 kil	96 »	104 »
126	De 0,50 à 1 kil. 50	122 »	130 »
	BOULONS TÊTES RONDES TOURNÉES *Collets carrés de 0,09 de diamètre, écrous carrés, limés avec chanfrein, posés en place, compris percement des trous et affleurés sur l'écrou, pour barres et pentures.*	la pièce.	
127	De 0,05 de long	» 25	» 30
128	De 0,08 de long	» 30	» 35
129	De 0,11 de long	» 40	» 45
130	De 0,14 de long	» 50	» 55
131	De 0,16 de long	» 55	» 60
	BOULONS DE FERMETURE *(Voyez Pannetons de volets mobiles.)*		
	BOUTONS EN FER TOURNÉ POUR BARRES AJUSTÉS, RIVÉS.		
132	De 0,040 de diamètre	» 60	» 79
133	De 0,045 de diamètre	» 65	» 75
134	De 0,050 de diamètre	» 70	» 80
135	De 0,055 de diamètre	» 80	» 90
	BOUTONS EN FER, PROFIL A PATÈRE *à longue tige pour verrous.*		
136	De 0,055 de diamètre	1 60	1 90
137	De 0,068 de diamètre	2 50	2 80

Nos d'ord.		Grands Travaux neufs.	Travaux en réparat.
	BOUTONS EN FER DE TIRAGE		
	Pour portes, tiges taraudées ; écrous ronds entaillés, rosettes en fer entaillées avec vis.	la pièce.	
138	De 0,040 de diamètre.		» 85
139	De 0,045 de diamètre.		» 90
140	De 0,050 de diamètre.		» 95
141	De 0,055 de diamètre.		1 »
	BOUTONS EN CUIVRE TOURNÉS		
	De tirage pour portes, garnis de rosaces id., tiges taraudées ; écrous ronds entaillés et affleurés.		
142	De 0,025 de diamètre.	» 70	» 85
143	De 0,030 de diamètre.	» 80	» 90
144	De 0,035 de diamètre.	» 90	1 »
145	De 0,040 de diamètre.	1 05	1 20
146	De 0,045 de diamètre.	1 20	1 35
147	De 0,050 de diamètre	1 30	1 60
148	De 0,055 de diamètre.	1 50	1 80
149	De 0,060 de diamètre.	1 80	2 10
150	De 0,065 de diamètre.	2 15	2 55
151	De 0,070 de diamètre.	2 45	2 85
152	De 0,075 de diamètre.	3 35	3 65
153	De 0,080 de diamètre.	4 70	4 95
154	De 0,090 de diamètre.	5 85	6 10
155	De 0,100 de diamètre.	7 60	7 85
	BOUTONS EN CUIVRE TOURNÉS		
	ANTIQUES PLEINS.		
156	De 0,040 de diamètre.	1 25	1 40
157	De 0,045 id..	1 35	1 50
158	De 0,050 id..	1 65	1 90
159	De 0,055 id..	2 »	2 25
160	De 0,060 id..	2 50	2 80
161	De 0,065 id..	2 95	3 25
162	De 0,070 id..	3 60	4 »
163	De 0,075 id..	4 40	4 80
164	De 0,080 id..	5 50	6 »
	BOUTONS DE TIRAGE EN CUIVRE		
	Pour portes, ciselés et vernis.		
165	A diamant.		2 60
166	A rocaille..		2 90
167	A tête de femme.		3 25
168	A côte de melon..		3 55
169	A Corbeille de fruits..		4 25
	BOUTONS DOUBLES A OLIVE		
	Ordinaires, compris ajustement.		
170	N. 1. 0,041 × 0,018.	» 95	1 10
171	N. 2. 0,046 × 0,020.	1 05	1 20
172	N. 3. 0,048 × 0,021.	1 15	1 35
173	N. 4. 0,055 × 0,022.	1 30	1 50
174	N. 5. 0,058 × 0,025.	1 50	1 70
175	N. 6. 0,061 × 0,026.	1 65	1 85
176	N. 7. 0,067 × 0,027.	1 95	2 20
	BOUTONS DOUBLES CAMARDS		
	A PERLES.		
177	N. 1. 0,035 × 0,019.	» 95	1 15
178	N. 2. 0,039 × 0,021.	1 10	1 30
179	N. 3. 0,044 × 0,024.	1 20	1 40
180	N. 4. 0,045 × 0,025.	1 30	1 50
181	N. 5. 0,048 × 0,026	1 65	1 85
182	N. 6. 0,051 × 0,025.	1 90	2 15
183	N. 7. 0,054 × 0,031.	2 20	2 45
184	N. 8. 0,055 × 0,031.. fort	2 55	2 80
	BOUTONS DOUBLES A L'ANTIQUE CREUX		
185	N. 1. 0,040 × 0,026.	1 15	1 30
186	N. 2. 0,044 × 0,030.	1 25	1 40
187	N. 3. 0,049 × 0,031.	1 40	1 55
188	N. 4. 0,055 × 0,043.	1 50	1 65
189	N. 5. 0,058 × 0,037.	1 60	1 75
190	N. 6. 0,063 × 0,038.	1 80	2 »
191	N. 7. 0,068 × 0,040.	2 10	2 30
192	N. 8. 0,072 × 0,042.	2 45	2 65

Nos d'ord.	BOUTONS DOUBLES OVALES A FACETTES	Grands Travaux neufs.	Travaux en réparat.
		la pièce.	
193	N. 1.	1 85	2 05
194	N. 2.	2 05	2 25
195	N. 3.	2 20	2 40
196	N. 4.	2 50	2 90

Nota. Pour un bouton seul en recherche, il sera dû la dépose et repose de la serrure ou du bec de canne.

Nos d'ord.		Grands Travaux neufs.	Travaux en réparat.
	BOUTONS DOUBLES RONDS CISELÉS		
197	A corbeille de fleur n. 1.		2 75
198	Id. n. 2.		3 25
199	Id. n. 3.		4 10
200	A figure de femme n. 1.		3 25
201	Id. n. 2.		4 10
202	Égyptiens à six pans n. 1.		4 »
203	Id. n. 2.		4 65
204	A marguerite n. 1.		2 45
205	Id. n. 2.		2 95
206	A tête 2 renaissance n. 11.		3 50
207	Id. n. 2.		4 30
208	A médaillon forme ovale n 1.		3 25
209	Id. n. 2.		3 80
210	A rocaille forme à crosse n. 1.		3 30
211	Id. n. 2.		3 85
212	Louis XV forme à S.		4 70
213	Louis XVI.		5 25
214	Ecussons à dragons volants.		4 70
215	A blason.		5 85
	BOUTONS DOUBLES EN CRISTAL BLANC		
	A pans moulés, couleurs ordinaires.		
216	De 0,040 de diamètre.	3 »	3 25
217	De 0,045.	3 10	3 35
218	De 0,050.	3 35	3 60
219	De 0,055.	3 50	3 75
	BOUTONS DOUBLES EN CRISTAL		
	A pans, couleurs fines.		
220	De 0,040 de diamètre.	3 40	3 65
221	De 0,045.	3 80	4 05
222	De 0,050.	4 10	4 35
223	De 0,055.	4 70	4 95
	BOUTONS DOUBLES EN CRISTAL		
	A pans doublés et taillés.		
224	De 0,040 de diamètre	4 30	4 55
225	De 0,045.	4 50	4 75
226	De 0,050.	4 80	5 05
227	De 0,055.	5 70	5 95
	BOUTONS DOUBLES OVALES		
	A 8 pans moulés, couleurs ordinaires.		
228	De 0,050 de diamètre.	3 35	3 50
229	De 0,065.	4 20	4 45
	BOUTONS DOUBLES OVALES		
	A 8 pans moulés, couleurs fines.		
230	De 0,050 de diamètre.	4 50	4 75
231	De 0,065.	5 40	5 65
	BOUTONS DOUBLES RONDS		
	En cristal ordinaire taillés à facettes.		
232	De 0,045 de diamètre.	4 50	4 75
233	De 0,050.	5 95	6 20

Nos d'ord.		Grands Travaux neufs.	Travaux en réparat.
	BOUTONS DOUBLES RONDS		
	Taillés à facettes, couleurs fines.	la pièce.	
234	De 0,055 de diamètre.	5 95	6 20
235	De 0,050.	6 25	6 50
	BOUTONS DOUBLES OVALES		
	Taillés à facettes, cristal ordinaire.		
236	De 0,060 de diamètre.	5 15	5 40
	BOUTONS DOUBLES OVALES		
	Taillés à facettes, couleurs fines.		
237	De 0,060 de diamètre.	6 55	6 80
	BOUTONS DOUBLES UNIS A MILLE FLEURS		
238	De 0,040 de diamètre..	5 95	6 20
239	De 0,045..	6 55	6 80
240	De 0,050..	6 85	7 10
241	De 0,055..	7 45	7 70
	BOUTONS DOUBLES UNIS A BOUQUETS		
242	De 0,040 de diamètre..	9 20	9 45
243	De 0,045..	10 05	10 30
244	De 0,050..	10 65	10 90
245	De 0,055..	11 20	11 45
	BOUTONS DOUBLES UNIS A FRUITS		
246	De 0,040 de diamètre.	12 10	12 35
247	De 0,045..	13 25	13 50
248	De 0,050..	13 55	13 80
249	De 0,055..	13 85	14 10
	BOUTONS EN CRISTAL A PANS & BEQUILLES		
	Cintrés à crosse, cristal ordinaire.		
250	Béquilles et boutons à six pans de 0,045.	3 75	4 »
251	Béquilles et boutons id. de 0,050.	3 80	4 05
252	Béquilles et boutons id. de 0,055.	4 »	4 25
253	Béquilles et boutons id. de 0,060.	4 20	4 45
	BOUTONS EN CRISTAL ET BÉQUILLES		
	Couleurs fines		
254	Béquilles et boutons id. de 0,045.	4 60	4 85
255	Béquilles et boutons id. de 0,050.	4 85	5 10
256	Béquilles et boutons id. de 0,055.	5 10	5 35
257	Béquilles et boutons id. de 0,060.	5 40	5 65
	BOUTONS DOUBLES RONDS EN BOIS		
	Chêne, érable, citron; palissandre et acajou avec filets et mouches.		
258	Des bois ci-dessus.	3 20	3 45
259	En ébène..	3 55	3 80
260	Ovale en palissandre..	4 »	4 25
261	Ovale en ébène..	4 30	4 55
262	En ébène incrustations ordinaires..	4 75	5 »
263	En ébène incrustations riches.	7 30	7 55
	BOUTONS A OLIVE EN CUIVRE A BASCULE		
	Crampon et rosette.		
264	N. 1.	» 70	» 80
265	N. 2.	» 75	» 85
266	N. 3.	» 80	» 90
267	N. 4.	» 90	1 »
268	N. 5.	» 95	1 05
269	N. 6.	1 10	1 20

Nos d'ord.		Grands Travaux neufs.	Travaux en réparat.
	BOUTONS A OLIVE CISELÉS A BASCULE	la pièce.	
270	N. 1.	» 90	1 »
271	N. 2.	» 95	1 05
272	N. 3.	1 05	1 15
273	N. 4.	1 20	1 30
	BOUTONS A BASCULE DIVERS		
274	Cristal moulé blanc n. 1.		1 40
275	Id. n. 2.		1 55
276	Id. n. 3.		1 65
277	Absinthe et bleu n. 1.		1 60
278	Id. n. 2.		1 75
279	Id. n. 3.		1 90
280	Bois ébène ronds unis.		1 90
281	Ronds id. incrustés.		2 10
282	Ovale en ébène id.		2 35
	BRIQUETS		
	(Voyez *Charnières à briquets*.)		
	BOUTONS A OLIVE EN FER		
	(Voyez *Loquets*.)		
	BROCHES A TÊTE		
283	Jusqu'à 0,11..	» 03	» 04
284	De 0,13.	» 04	» 05
285	De 0,16..	» 06	» 07
	CADENAS A CHARNIÈRES		
	Clé en chiffre, sans pitons.		
286	De 0,027.		» 70
287	De 0,033.		» 90
288	De 0,040.		1 05
289	De 0,050..		1 20
290	De 0,060..		1 35
291	De 0,070..		1 55
292	De 0,090..		1 75
	CALIBRES		
293	En bois ferrés pour maçons. Le mètre développé des moulures.		4 »
294	En tôle forte pour tailleurs de pierre de 0,12 de large. Le mètre développé de moulures.		9 »
	CHAINETTES EN CUIVRE		
	Sur platines en fer, ajustées à moufle, sur la queue de la serrure, posées avec vis et rosettes entaillées.		
295	N. 1.		2 80
296	N. 2.		3 05
297	N. 3.		3 25
298	N. 4.		3 75
	CHAINETTES RONDES EN CUIVRE		
299	De 0,055 de diamètre.		3 15
300	De 0,060 de diamètre.		3 25
301	De 0,070 de diamètre.		3 50
302	De 0,080 de diamètre.		3 90
	CHAINETTES GUILLOCHÉES		
303	De 0,055 de diamètre.		3 75
304	De 0,060 de diamètre.		4 »
305	De 0,070 de diamètre.		4 45
306	De 0,080 de diamètre.		5 15

CHARNIÈRES ORDINAIRES CARRÉES
LONGUES, EN FEUILLURES.

Nos d'ord.		Grands Travaux neufs. (la pièce.)	Travaux en réparat.
307	De 0,067 de long.	» 28	» 35
308	De 0.080 de long.	» 31	» 40
309	De 0,095 de long.	» 38	» 50
310	De 0,11 jusqu'à 0.037 de lames.	» 45	» 60
311	De 0,12 × 0,04.	» 50	» 65
312	De 0,14 × 0.04.	» 65	» 80
313	De 0,16 jusqu'à 0,06 de large.	1 10	1 30
314	Charnières à broches profilées, en plus.	» 05	» 05

CHARNIÈRES RENFORCÉES

Nos d'ord.		Grands Travaux neufs.	Travaux en réparat.
315	De 0,080.	» 35	» 45
316	De 0,095.	» 45	» 55
317	De 0,11 × 0,03.	» 50	» 65
318	De 0,125 × 0,04.	» 55	» 70
319	De 0,14 × 0,04.	» 70	» 90
320	De 0,16 jusqu'à 0,06 de large.	1 20	1 40

CHARNIÈRES TOUTES CARRÉES
ou à pans, entaillées à plat.

Nos d'ord.		Grands Travaux neufs.	Travaux en réparat.
321	De 0,055.	» 26	» 35
322	De 0,060.	» 28	» 38
323	De 0,070.	» 30	» 40
324	De 0,080.	» 40	» 50
325	De 0,095.	» 55	» 70
326	De 0,11.	» 70	» 85

CHARNIÈRES RENFORCÉES

Nos d'ord.		Grands Travaux neufs.	Travaux en réparat.
327	De 0,055.	» 32	» 38
328	De 0,060.	» 35	» 45
329	De 0,070.	» 40	» 50
330	De 0,080.	» 45	» 55
331	De 0,095.	» 70	» 85
332	De 0,11.	» 85	1 »

Plus value.

Nos d'ord.		Grands Travaux neufs.	Travaux en réparat.
333	Celles posées à l'échelle, en plus.	» 10	» 10
334	Celles jusqu'à 0,11 carrées longues en place d'une cassée, compris dépose.		1 »
335	Il sera aussi dû une plus value pour celles posées sur des portes retaillées et où il aura été rapporté des alèses, en raison de la sujétion de pose, et des vis longues traversant l'alèse pour gagner le bon bois.		» 10

CHARNIÈRES EN CUIVRE-LAITON

Nos d'ord.		Grands Travaux neufs.	Travaux en réparat.
336	De 0,06.	» 55	» 65
337	De 0,067.	» 60	» 70
338	De 0,080.	» 70	» 80
339	De 0,095.	» 90	1 »
340	De 0,11.	1 10	1 20

CHARNIÈRES EN CUIVRE FONDU

Nos d'ord.		Grands Travaux neufs.	Travaux en réparat.
341	De 0,060.	» 75	» 85
342	De 0,067.	» 85	» 95
343	De 0,80.	1 05	1 15
344	De 0,95.	1 20	1 35
345	De 0,110.	1 45	1 60

CHARNIÈRES EN CUIVRE TRÈS-FORTES
Pour grandes portes d'appartement, nœuds ronds, posées en feuillures à fleur des chambranles saillants et affleurés, remplaçant les pivots tête carrée.

Nos d'ord.		Grands Travaux neufs.	Travaux en réparat.
346	De 0,140.		3 60
347	De 0,160.		4 65

CHARNIÈRES EN CUIVRE FONDU
Nœuds à boules tournées.

Nos d'ord.		Grands Travaux neufs.	Travaux en réparat.
348	De 0,095.		2 25
349	De 0,110.		2 55
350	De 0,125.		3 35
351	De 0,140.		3 50

CHARNIÈRES EN CUIVRE FONDU
Nœuds carrés.

Nos d'ord.		Grands Travaux neufs. (la pièce.)	Travaux en réparat.
352	De 0,070.		1 45
353	De 0,080.		1 60
354	De 0,090.		1 75
355	De 0,095.		2 »
356	De 0,100.		2 10
357	De 0,110.		2 35

CHARNIÈRES EN CUIVRE FONDU
Nœuds carrés renvoyés.

Nos d'ord.		Grands Travaux neufs.	Travaux en réparat.
358	De 0,070.		1 90
359	De 0,080.		2 10
360	De 0,090.		2 25
361	De 0,095.		2 60
362	De 0,100.		2 80
363	De 0,110.		3 »

CHARNIÈRES A BRIQUETS DOUBLES
En fer pour comptoirs.

Nos d'ord.		Grands Travaux neufs.	Travaux en réparat.
364	De 0,040 de large.		2 60
365	De 0,045 de large.		2 75
366	De 0,050 de large.		3 »

CHARNIÈRES A BRIQUET
En cuivre fondu.

Nos d'ord.		Grands Travaux neufs.	Travaux en réparat.
367	De 0,055.		3 »
368	De 0,060.		3 20
369	De 0,070.		3 40

CHARNIÈRES LONGUES ET FER
Nœuds soudés pour volets brisés.

Nota. Pour établir les prix suivant les différentes longueurs, l'on comptera le nœud à 00 de longueur comme plus value, et les branches au mètre linéaire, compris entailles, vis et clous rivés.

Nos d'ord.		Grands Travaux neufs.	Travaux en réparat.
370	Nœud de 0,027.	» 55	» 80
371	Le mètre de branches.	2 40	2 65
372	Nœud de 0,035.	» 60	» 75
373	Le mètre de branches.	2 50	2 75
374	Nœud de 0,040.	» 90	1 15
375	Le mètre de branches.	2 90	3 15
376	Nœud de 0,045.	1 10	1 35
377	Le mètre de branches.	3 05	3 30
378	Nœud de 0,050.	1 20	1 45
379	Le mètre de branches.	3 30	3 55
380	Nœud de 0,055.	1 10	1 35
381	Nœud de 0,060.	1 40	1 65
382	Le mètre de branches pour 0,055 et 0,060.	3 40	3 65
383	Nœud de 0,065.	2 »	2 30
384	Nœud de 0,070.	2 55	2 85
385	Le mètre de branches pour 0,065 et 0,070.	3 80	4 10
386	Nœud de 0,080.	2 65	3 »
387	Nœud de 0,090.	4 70	5 »
388	Le mètre de branches pour 0,080 et 0,090.	4 65	5 »

CHARNIÈRES LONGUES ET FER
A branches de pentures et têtes en cuivre refouillées pour premières feuilles de volets brisés, compris pose, entailles, vis et clous rivés.

Nos d'ord.		Grands Travaux neufs.	Travaux en réparat.
389	De 0,040 de large.	8 60	9 »
390	De 0,047 id.	8 85	9 25
391	De 0,054 id.	9 15	9 55

CHARNIÈRES A BRIQUET
A empattements en T pour trappes.

Nos d'ord.		Grands Travaux neufs.	Travaux en réparat.
392	De 0,30 de branches.	5 »	5 25
393	De 0,40 id.	5 15	5 40
394	De 0,50 id.	5 60	5 85
395	De 0,60 id.	6 »	6 25
396	De 0,65 id.	6 50	6 75
397	De 0,70 id.	7 55	7 80
398	De 0,80 id.	8 20	8 45

CHASSIS A TABATIÈRE EN FER

Mesurées à l'intérieur avec pattes crémaillère et mentonnet à scellement.

Nos d'ord.		Grands Travaux neufs. (la pièce.)	Travaux en réparat.
399	De 0,35 × 0,50.	13 50	15 50
400	De 0,40 × 0,55.	15 50	17 50
401	De 0,50 × 0,65.	18 »	20 »
402	De 0,60 × 0,70.	20 »	22 »
403	De 0,65 × 0,80.	22 »	24 »
404	De 0,75 × 1,00.	25 50	27 50

CHASSIS A TABATIÈRE EN FER

Avec chalneau renversé.

Nos d'ord.		Grands Travaux neufs.	Travaux en réparat.
405	De 0,35 × 0,50.	15 50	17 50
406	De 0,40 × 0,55.	18 »	20 »
407	De 0,50 × 0,65.	20 »	22 »
408	De 0,60 × 0,70.	22 »	24 »
409	De 0,65 × 0,80.	24 50	26 50
410	De 0,75 × 1,00.	27 50	29 50

CHASSIS A TABATIÈRE EN FONTE

Nos d'ord.		Grands Travaux neufs.	Travaux en réparat.
411	De 0,25 × 0,40.	6 50	8 50
412	De 0,30 × 0,45.	7 »	9 »
413	De 0,35 × 0,50.	8 »	10 »
414	De 0,40 × 0,55.	9 »	11 »
415	De 0,45 × 0,60.	10 »	12 »
416	De 0,50 × 0,65.	11 »	13 »
417	De 0,55 × 0,70.	12 50	14 50
418	De 0,60 × 0,80.	15 50	17 50
419	De 0,70 × 0,90.	18 »	20 »
420	De 0,80 × 1,00.	22 »	24 »

CHEVILLETTES

Nos d'ord.		Grands Travaux neufs. (les 100 k.)	Travaux en réparat.
421	Les 100 kilos.		80 »

CLÉS

(Voyez Serrures réparées.)

CLOUS DOUX A CHARPENTIERS

Nos d'ord.		Grands Travaux neufs.	Travaux en réparat.
422	Les 100 kilos.	80 »	90 »

CLOUS DOUX FORGÉS A BATIMENT

Nos d'ord.		Grands Travaux neufs.	Travaux en réparat.
423	Les 100 kilos.	80 »	90 »
424	La pièce.	05 »	

CLOUS A BATEAU POUR MAÇONS

Nos d'ord.		Grands Travaux neufs.	Travaux en réparat.
425	Les 100 kilos.	68 »	70 »

CLOUS D'ÉPINGLES

Nos d'ord.		Grands Travaux neufs.	Travaux en réparat.
426	Fins, les 100 kilos.		140 »
427	Ordinaires, jusqu'à 0,055.	70 »	75 »
428	Ordinaires, au-dessus de 0,055.	65 »	70 »

COLLIERS A SCELLEMENT

Nos d'ord.		Grands Travaux neufs.	Travaux en réparat.
429	Pour les tuyaux de descente de 0,067, fer de 0,027 × 0,006.	» 35	» 45
430	Les mêmes, le kilo.	1 »	1 10
431	Pour tuyaux de 0.112, fer de 0,034 × 0,005.	» 60	» 70
432	Les mêmes, le kilo.	» 90	1 »
433	Pour tuyaux de 0,19, fer de 0,04 × 0,007.	1 05	1 20
434	Les mêmes, le kilo.	» 80	» 90
435	Pour tuyaux de 0,024, fer de 0,04 × 0,007.	1 25	1 40
436	Les mêmes, le kilo.	» 74	» 80

COLONNES

En fer. (Voyez *Gros fers.*)
En fontes. (Voyez *Fontes.*)

CONDUITS

En cuivre, demi-rond (V. *Verroux demi-ronds.*)
À deux pointes. (Voyez *Sonnettes.*)

CRAMPONS

A pointe. (Voyez *Gâches.*)
A pattes. (Voyez *Gâches.*)

CRAPAUDINES

(Voyez Pivots à équerre)

CRÉMAILLÈRE DE FABRIQUE

Pour châssis à tabatière.

Nos d'ord.		Grands Travaux neufs. (la pièce.)	Travaux en réparat.
437	De 0,50 à 0,60 de long.	1 85	1 95

CRÉMONES

Garnitures en fonte de fer pour longueurs de 2 00 et au-dessous, compris gâches, posé et vis.

Nos d'ord.		Grands Travaux neufs.	Travaux en réparat.
438	De 0,014 de diamètre.	3 95	4 15
439	De 0,016.	4 55	4 75
440	De 0,018.	4 90	5 10
441	De 0,020.	6 60	6 80
442	De 0.020 fortes garnitures.	7 75	8 »
443	Chaque décimètre en plus de 2,00.	» 10	
444	Chaque conduit en plus d'un par garniture.	» 40	
445	Chaque garniture de boutons pour volets.	2 »	

TRINGLES BLANCHIES, EN PLUS

Nos d'ord.		Grands Travaux neufs. (le mètre.)	Travaux en réparat.
446	De 0,014.	» 40	
447	De 0,016.	» 50	
448	De 0,018.	» 60	
449	De 0,020.	» 70	
450	Chaque crémone dorée au four. La garniture dorée à la feuille, compris dépose, démontage et remontage des pièces et repose.	6 85	7 »

CROCHETS PLATS POLIS

Nos d'ord.		Grands Travaux neufs. (la pièce.)	Travaux en réparat.
451	De 0,08.	» 28	» 32
452	De 0,10.	» 30	» 35
453	De 0,11.	» 34	» 39

CROCHETS RONDS AVEC DEUX TIRE-FONDS

Nos d'ord.		Grands Travaux neufs.	Travaux en réparat.
454	De 0,11.	» 30	» 35
455	De 0.14.	» 35	» 40
456	De 0,16.	» 40	» 45
457	De 0,19.	» 50	» 55
458	De 0,22.	» 55	» 60

CROCHETS RONDS RENFORCÉS

Nos d'ord.		Grands Travaux neufs.	Travaux en réparat.
459	De 0,11.	» 35	» 40
460	De 0,14.	» 40	» 45
461	De 0,16.	» 50	» 55
462	De 0,19.	» 55	» 60
463	De 0,22.	» 60	» 70

ENTAILLES DANS LE BOIS

Nos d'ord.		Grands Travaux neufs.	Travaux en réparat.
464	De 0,050 à 0,070 de large le mètre.		1 35

ÉQUERRES SIMPLES

Compris entailles et vis.

Nos d'ord.		Grands Travaux neufs.	Travaux en réparat.
465	De 0,16.	» 15	» 18
466	De 0,19.	» 18	» 22
467	De 0,22.	» 25	» 30

ÉQUERRES RENFORCÉES

Nos d'ord.		Grands Travaux neufs.	Travaux en réparat.
468	De 0,16.	» 18	» 22
469	De 0,19 (poids 130 à 140 grammes).	» 22	» 27
470	De 0,22.	» 35	» 40
471	Celles posées avec vis tournées, en plus des prix ci-dessus.		» 05
472	Celles posées sur des châssis flexibles en plus des prix ci-dessus.		» 10

Colonne de gauche (p. 15)

Nos d'ord.	ÉQUERRES DOUBLES	Grands Travaux neufs.	Travaux en réparat.
	Marchandes jusqu'à 1,00 développées, entaillées, fixées avec vis à garnir.	la pièce.	
473	Équerre ordinaire.	» 80	1 »
474	renforcée.	» 95	1 15
475	id. fixée avec vis tournées.	1 15	1 35
	ÉQUERRES DOUBLES RENFORCÉES		
	Forgées à congé dans les angles, entaillées avec vis tournées.	le mètre.	
476	Fer de 0,025 × 0,005.	1 95	2 15
477	de 0,032 × 0,006.	1 45	2 70
478	de 0,035 × 0,007.	3 10	3 30
	ESPAGNOLETTES		
479	Noire de 0 016 sans pannetons.	2 15	2 30
480	Id. avec pannetons en plus.	» 15	
481	Noire de 0,018 sans pannetons.	2 50	2 65
482	Id. avec pannetons en plus.	» 15	
483	De 0,016, embâses tournées, lacets carrés.	3 55	3 65
484	De 0,018, embâses tournées, lacets carrés.	3 75	3 95
485	De 0,018, embâses tournées, lacets carrés, cul de poule à coquille.	4 90	5 10
486	Noire de 0,016, embâses en fontes unies, lacets carrés, poignée tournante verticale en fonte, la pièce, jusqu'à 2 00 de long. (la pièce.)	8 20	
487	Noire de 0,018.	10 35	
	ACCESSOIRES D'ESPAGNOLETTES		
	Gâches.		
488	Ordinaires posées avec vis à garnir.	» 20	» 30
489	Id. renforcées, vis tournées.	» 30	» 40
	Poignées.		
490	Pleines de 0,16.	» 75	» 95
491	— de 0,19.	» 90	1 10
492	Évidées à feuilles de 0,16.	1 »	1 20
493	— à id. de 0,19.	1 10	1 30
494	— à la grecque de 0,16.	1 35	1 55
495	— à id. de 0,19.	1 45	1 65
496	— à id. de 0,19 renforcées, polies, bien faites, bouton tourné, à patère.	3 »	3 20
	Supports.		
497	Pleins à charnière.	» 40	» 50
498	Évidés à console.	» 65	» 75
499	— id. renforcés.	» 75	» 85
500	— id. à la grecque.	1 15	1 25
	ESPAGNOLETTES DE PORTES COCHÈRES		
	Avec poignées ordinaires du commerce, trois embâses en fonte et deux demi-embâses, montées sur fortes platines, crochet, verrou avec bouton à patère, à longues tiges, le tout posé en place avec vis, pour fer de 0,025 à 0 027 de diamètre, pour zéro de longueur.		
501	Non compris la tige.		46 50
502	Id. pour fer de 0,030, 0,032 et 0,035.		60 45
	Tiges pour espagnolettes.		
503	Fer de 0,025.		2 10
504	— de 0,027.		2 35
505	— de 0,030		2 80
506	— de 0,032.		2 95
507	— de 0,035.		3 40

Colonne de droite (p. 16)

Nos d'ord.	ACCESSOIRES DESDITES ESPAGNOLETTES	Grands Travaux neufs.	Travaux en réparat.
		la pièce.	
508	Loqueteau à ressort pour tenir le verrou levé.		5 90
509	Serrure de poignée, faux-rond en cuivre.		7 »
510	Les goujons pour les crochets sont à pointe, à scellement ou à patte, suivant les places et les charges des plâtres, et varient du prix de 1 fr. 25 à 2 fr. et 2 fr. 50.		Rens.
511	Les gâches pour les verroux sont en tôle forte de 0,12 carré, posées avec 4 vis tamponnées ou forgées, embouties, garnies de scellements, coulées au plomb, et du prix de 1 fr. 50 à 5 fr.		Rens.

Nota. Les poignées de façon à moulures et les embâses en cuivre ne font pas partie des prix ci-dessus.

Nos d'ord.	FICHES A BOUTONS	Grands Travaux neufs.	Travaux en réparat.
	FERMES (Voyez *Gros fers.*)		
	FICHES A BOUTONS — Posées sur tréteaux.		
512	De 0,095.	» 28	» 38
513	De 0,11.	» 35	» 45
514	De 0,125.	» 55	» 65
515	Celles posées sur huisseries en plus.	» 10	» 10
516	Celles posées à l'échelle en plus.	» 20	» 20
517	Celles en place d'une cassée.		1 »
518	De 0,135.	» 95	1 15
519	De 0,16.	1 55	1 75
520	Posées sur huisseries en plus.	» 20	« 20
521	Posées id. mais à l'échelle.	» 40	» 40
	FICHES A BOUTONS RENFORCÉES		
522	De 0,095.	» 35	» 45
523	De 0,11.	» 45	» 55
524	De 0,122.	» 60	» 70
525	Celles posées sur huisseries en plus	» 10	
526	Celles posées à l'échelle id.	» 20	
527	De 0,135.	1 25	1 45
528	De 0,16.	1 70	1 90
529	Celles posées sur huisseries en plus.	» 20	
530	Celles posées à l'échelle id.	» 40	
	FICHES A DOUBLES BOULES		
	Renforcées polies pour dégonder les portes, entailler les feuillures, avec vis.		
531	De 0,11.	» 65	» 75
532	De 0,125.	» 75	» 85
533	De 0,135.	1 20	1 40
534	De 0,160.	1 75	2 »
	FIL DE FER (Voyez *Sonnettes*).		
	FLÉAU POUR PERSIENNES		
	En forme de poignée d'espagnolette, monté sur platine garnie de son support à patte, entaillé, posé avec vis.		
535	De 0,16.	1 05	1 25
536	De 0,19.	1 15	1 45
537	De 0,22.	1 40	1 60
538	Fléau poli renforcé de 0,22 avec support à vis de pression.	2 50	2 75

FONTES

Nos d'ord.		Grands Travaux neufs.	Travaux en réparat.
		les 100 k.	
539	Balcons du commerce.	60 50	62 50
540	Barres d'appui.	71 50	73 50
541	Colonnes pleines du commerce.	33 »	35 »
542	— pleines fondues sur modèles.	34 »	36 »
543	— creuses suivant la grosseur.		
544	Caniveaux et plaques cannelées.	44 »	46 »
545	Fourneaux carrés.	44 »	46 »
546	— économiques.	46 20	48 20
547	Gargouilles de trottoirs.	40 15	42 15
548	Tuyaux ronds.	42 35	44 35
549	— ovales.	42 35	44 35
550	Plaques unies.	33 »	35 »
		la pièce.	
551	Cuvettes à bascule, n. 0.	15 40	16 40
552	— id. n. 1.	18 70	19 70
553	— id. n. 2.	22 »	23 »
554	— id. n. 3.	27 50	28 50

FOURNEAUX

(Voyez *Fontes*.)

GACHES

Pour becs de canne ordinaires et serrures tour demi.

Nos d'ord.		Grands Travaux neufs.	Travaux en réparat.
555	Encloisonnées neuves.	» 60	» 70
556	Encloisonnées ajustées sur un vieux bec de canne.		1 10
557	Encloisonnée à rouleau.	1 70	1 85
558	En tôle coudée, suivant la place de la hauteur des becs de canne.	» 65	» 75

GACHES A PATTE

Nos d'ord.		Grands Travaux neufs.	Travaux en réparat.
559	De 0,080 de large.	» 90	1 »
560	De 0,090 de large.	» 95	1 05
561	De 0,10 de large.	1 »	1 10

GACHES A POINTE

Nos d'ord.		Grands Travaux neufs.	Travaux en réparat.
562	De 0,080 de large.	» 80	» 90
563	De 0,090 de large.	» 85	» 95
564	De 0,10 de large.	» 90	1 »

GACHES A SCELLEMENT

Non compris les scellements.

Nos d'ord.		Grands Travaux neufs.	Travaux en réparat.
565	De 0,080 de large.	» 50	» 60
566	De 0,090 de large.	» 55	» 65
567	De 0,10 de large.	» 60	» 70

GACHES POUR BECS DE CANNE EN LONG

Nos d'ord.		Grands Travaux neufs.	Travaux en réparat.
568	Encloisonnées.	» 75	» 85
569	Encloisonnées à rouleau.	2 »	2 10

GACHES

Pour serrures, pêne dormant, sûreté et deux pênes.

Nos d'ord.		Grands Travaux neufs.	Travaux en réparat.
570	Encloisonnées serrures neuves.	» 75	» 85
571	Encloisonnées en raccord sur vieilles serrures.		1 10
572	Encloisonnées à rouleau, moulures en cuivre.	2 15	2 30

GACHES A PATTE FORTES

Nos d'ord.		Grands Travaux neufs.	Travaux en réparat.
573	De 0,080 de large.	1 20	1 30
574	De 0,090 de large.	1 40	1 50
575	De 0,10 de large.	1 50	1 60

GACHES A POINTE

Nos d'ord.		Grands Travaux neufs.	Travaux en réparat.
576	De 0,080 de large.	» 90	1 »
577	De 0,090 de large.	» 95	1 05
578	De 0,10 de large.	1 10	1 20

GACHES COUDÉES EN TOLE FORTE

Nos d'ord.		Grands Travaux neufs.	Travaux en réparat.
		la pièce.	
579	De la hauteur de la serrure.	» 95	1 10

GAGHES A PATTE POUR VERROUX

Et targettes.

Nos d'ord.		Grands Travaux neufs.	Travaux en réparat.
580	De 0,035 de large.	» 50	» 55
581	De 0,040 de large.	» 55	» 60
582	De 0,048 de large.	» 60	» 65
583	De 0,055 de large.	» 70	» 75

GACHES A PATTE

Renforcées, polies, à vive arête.

Nos d'ord.		Grands Travaux neufs.	Travaux en réparat.
584	De 0,035 de large.	» 70	» 80
585	De 0,040 de large.	» 80	» 90
586	De 0,048 de large.	» 90	1 »
587	De 0,065 de large.	» 95	1 05

GONDS A SCELLEMENT

Nos d'ord.		Grands Travaux neufs.	Travaux en réparat.
588	Pour paumelles, de 0,14 à 0,16.	» 20	» 30
589	— de 0,19 à 0,22.	» 30	» 40
590	— de 0,25 à 0,30.	» 70	» 80
591	— de 0,25 à 0,40.	1 50	1 75
592	pentures ordinaire, de 0,40 à 0,060.	» 50	» 60
593	— ordinaires, de 0,70 à 1,00.	» 90	1 »
594	— entaillées, de 0,40 à 0,60.	» 90	1 »
595	— entaillées, de 0,70 à 1,08.	1 60	1 70

GONDS A POINTES

Nos d'ord.		Grands Travaux neufs.	Travaux en réparat.
596	—Pour paumelles, de 0,14 à 1,16.	» 40	» 50
597	— de 0,19 à 0,22.	» 55	» 65
598	— de 0,25 à 0,30.	1 »	1 10
599	— de 0,35 à 0,40.	1 80	2 »
600	pentures ordinaires, de 0,40 à 0,60.	» 70	» 80
601	— ordinaires, de 0,70 à 1,00.	1 20	1 30
602	— entaillées, de 0,40 à 0,70.	1 25	1 35
603	— entaillées, de 0,80 à 1,00.	1 80	1 90

GONDS A PATTE

Nos d'ord.		Grands Travaux neufs.	Travaux en réparat.
604	Pour paumelles, de 0,14 à 0,16.	» 75	» 85
605	— de 0,19 à 0,22.	» 90	1 »
606	— de 0,25 à 0,30.	1 55	1 65
607	— de 0,35 à 0,40.	2 35	2 45
608	pentures ordinaires, de 0,40 à 0,60.	1 »	1 10
609	— ordinaires, de 0,70 à 1,00.	1 65	1 75
610	— entaillées, de 0,40 à 0,70.	1 90	2 »
611	— entaillées, de 0,80 à 1,00.	2 35	2 50

GRAIN POUR SCELLEMENTS

Nos d'ord.		les 100 h.	
612	Les 100 kil.	20 »	

GRILLAGES

Dans Paris par parties de 1,00 superficiel au moins, sur châssis en fer ou par panneaux pour être posés sur des grilles, avec châssis en fil de fer clair au pourtour.

Nos d'ord.		le mètre.
613	Maille de 0,010 fil de fer n. 3.	7 »
614	Plus value de chaque n. de fil de fer jusqu'au n. 6.	» 55
615	Chaque n. en plus depuis le n. 7 de fil de fer jusqu'au n. 11.	1 »
616	Maille de 0,012 fil de fer n. 3.	5 83
617	Chaque n. en plus jusqu'au n. 7.	» 55
618	Chaque n. en plus depuis le n. 7 de fil de fer jusqu'au n. 12.	1 »
619	Maille de 0,015 fil de fer n. 4.	3 97
620	Chaque n. en plus jusqu'au n. 6.	» 47
621	Chaque n. en plus depuis le n. 7 de fil de fer jusqu'au n. 14.	» 76
622	Maille de 0,010 fil de fer n. 5.	3 73
623	Chaque n. en plus jusqu'au n. 6.	» 47

GRILLAGES (Suite).

Nos d'ord.		Grands Travaux neufs.	Travaux en réparat.
			le mètre.
624	Chaque n. en plus depuis le n. 7 de fil de fer jusqu'au n. 15.		» 76
625	Maille de 0,020 fil de fer n. 6.		3 27
626	Chaque n en plus jusqu'au n. 7.		» 47
627	Chaque n. en plus depuis le n. 8 de fil de fer jusqu'au n. 16.		» 76
628	Maille de 0.022 fil de fer n. 6.		3 15
629	Chaque n. en plus jusqu'au n. 7.		» 47
630	Chaque n. en plus depuis le n. 8 de fil de fer jusqu'au n. 16.		» 76
631	Maille de 0,025 fil de fer n. 6.		3 »
632	Chaque n. en plus jusqu'au 7.		» 47
633	Chaque n. en plus depuis le n. 8 de fil de fer jusqu'au n. 16.		» 58
634	Maille de 0,030 fil de fer n. 7.		2 57
635	Chaque n. en plus jusqu'au n. 9.		» 47
636	Chaque n. en plus depuis le n. 10 de fil de fer jusqu'au n. 16.		» 58
637	Maille de 0,042 fil de fer n. 7.		2 33
638	Chaque n. en plus jusqu'au n. 10.		» 35
639	Chaque n. en plus depuis le n. 11 de fil de fer jusqu'au n. 16.		» 47
640	Maille de 0,050 fil de fer n. 8.		1 87
641	Chaque n. en plus jusqu'au n. 10.		» 35
642	Chaque n. en plus depuis le n. 11 de fil de fer jusqu'au n. 16.		» 47
643	Maille de 0,060 fil de fer n. 9.		1 46
644	Chaque n. en plus jusqu'au n. 14.		» 25
645	Chaque n. en plus depuis le n. 12 de fil de fer jusqu'au n. 16.		» 47
646	Maille de 0,070 fil de fer n. 10.		1 40
647	Chaque n. en plus jusqu'au n. 11.		» 25
648	Chaque n. en plus depuis le n. 12 de fil de fer jusqu'au n. 16.		» 47
649	Maille de 0,080 fil de fer n. 11.		1 25
650	Chaque n. en plus jusqu'au n. 13.		» 25
651	Chaque n. en plus depuis le n. 14 de fil de fer jusqu'au n. 16		» 35
652	Maille de 0,095 fil de fer n. 11.		1 17
653	Chaque n. en plus jusqu'au n. 13.		» 25
654	Chaque n. en plus depuis le n. 14 de fil de fer jusqu'au n. 16.		» 35
655	Maille de 0,110 fil de fer n. 12.		1 05
656	Chaque n. en plus jusqu'au n. 13.		» 25
657	Chaque n. en plus depuis le n. 14 de fil de fer jusqu'au n. 17.		» 35

Plus-value des petits Panneaux.

Au-dessous de 1,00 de superficie.

Nos d'ord.		Grands Travaux neufs.	Travaux en réparat.
658	Pour ceux de 0,75.		1/6e
659	Pour ceux de 0,50.		2/6
660	Pour ceux de 0,50.		3/6
	Le tout du prix de leurs mailles respectives.		la pièce.
661	Liens pour la pose en fil de fer jusqu'au n. 10.		» 01
662	Ceux du n 11 au n 17.		» 05
663	Clous à crochet posés dans le bois ou le plâtre.		» 05
664	Clous à crochet tamponnés dans la pierre.		» 12

GRILLES

Nos d'ord.		Grands Travaux neufs.	Travaux en réparat.
		les 100 kil.	
665	Dormantes composées de barreaux ronds à scellement de chaque bout et une traverse au milieu évidée à froid.	62 50	67 50
666	Les mêmes, avec sommiers haut et bas et traverse au milieu, fer méplat, évidées à froid.	73 »	78 »
667	Les mêmes que celles ci-dessus mais avec lances en fonte et pontets.	84 »	89 »
668	Les mêmes que celles ci-dessus, mais avec traverses et sommiers, arrondis sur champ.	98 »	103 »
669	Grilles dormantes, barreaux ronds, trois traverses, fer méplat, les trous évidés à froid et arcs-boutants, ornées de lances et pontets en fonte	97 »	102 »
670	Les mêmes que la précédente, mais avec traverses et arcs-boutants arrondis sur champ.	113 50	118 50
671	Grilles à trous renflés en plus.	10 »	
672	Grilles ouvrantes en plus.	10 »	
673	Les serrures, verroux, espagnolettes et têtes de compas, seront comptés à part en plus-value.	Rens.	

GROS FERS

Nos d'ord.		Grands Travaux neufs.	Travaux en réparat.
		les 100 kil.	
674	Vieux fers, façonnés et posés.	16 »	20 »
	Les clous fournis pour la pose seront posés à part, et payés au prix des clous doux à bâtiments.		
675	Les clous à bâtiment, payés à la pièce.		» 05

GROS FERS FOURNIS

En fer de 1re classe, au cours de 43 fr. les 100 kil.

Nos d'ord.		Grands Travaux neufs.	Travaux en réparat.
676	Fers coupés de longueur.	51 »	56 »
677	Fers coudés, tirans, chevêtres, etc.	63 »	68 »
678	Fers pour étriers.	73 »	78 »
679	Le prix des gros fers confondus sera le prix des fers coudés.		
680	Les fers id. pour bâtiments légers, échantillons de deuxième classe, augmenteront de 4 fr. par classe.	4 »	4 »
681	Les entailles des fers dans leur longueur et épaisseur, ainsi que les poses en sous-œuvre, seront comptés à part.		
682	Fers forgés coudés à congé, ou à trous renflés, pour plates-bandes équerres, supports, etc., les entailles et les vis comptés à part.	80 50	85 50
	Fermes en fer plat assemblés et posés, id.	73 »	78 »
683	Colonnes fer rond, non compris pose.	68 »	73 »

PLANCHERS EN FER A T.

Échantillons de 1re classe.

Nos d'ord.		Grands Travaux neufs.	Travaux en réparat.
684	Planchers composés de solives en fer à T scellées dans les murs et entretoises a 4 coudes en carillons et fentons.	59 »	64 »
685	Planchers composés de solives en fer à T à scellement dans les murs avec tirants et ancres espacés, les solives percées au centre et entretoisées avec boulons à double écrous et entretoises à 4 coudes agrafées sur les boulons.	63 »	68 »
686	Planchers composés de solives en fer à T, avec enchevêtrures en double fer à T assemblés avec croisillons et brides, et chevêtres ajustés sur les enchevêtrures avec chaises en fers ou équerres, et les solives ajustées id. sur les chevêtres. Les enchevêtrures posées sur calles avec tirants et ancres aux extrémités; et moises au milieu des planchers formant chaînes, remplissages avec entretoises en carillons coudés et fentons.	65 »	70 »
687	Poitrails en fer à triple T de 0,26 assemblés, posées.	66 »	71 »
688	Fermes de combles à grandes portes fer plat et à T, assemblées, posées.	93 »	98 »

JOURNÉES D'ATTACHEMENT

Les serruriers, en général, travaillent peu à la journée d'attachement hors les cas de pose et dépose; l'ouvrier travaillant seul doit être un ouvrier intelligent, ou si c'est un forgeron, il sera toujours accompagné de son frappeur.

Nos d'ord.		Grands Travaux neufs.	Travaux en réparat.
689 690	La journée de 10 heures de travail, compris outils, hors ceux faits exprès pour le travail.		5 83

LANTERNES EN FER A MOULURES

Avec sommiers et supports posés en place.

Nos d'ord.		Grands Travaux neufs.	Travaux en réparat.
691	Grandes lanternes.	121 »	130 »
692	Petites lanternes.	138 »	150 »

LOQUETEAUX

En fer coudés, sur platines, posés en place avec tirage, anneaux et conduits.

Nos d'ord.		Grands Travaux neufs.	Travaux en réparat.
			la pièce.
693	De 0.047.	1 »	1 20
694	De 0,054.	1 10	1 30
695	De 0,061.	1 25	1 45

Nos d'ord.		Grands Travaux neufs.	Travaux en réparat.
	LOQUETEAUX A POMPE	la pièce.	
696	Ordinaires.	» 95	1 15
697	*Id.* fort.	1 25	1 45
698	*Id.* très-fort.	1 60	1 80
	LOQUETS ORDINAIRES		
	Blanchis, compris crampons et boutons à olives plat, rosette et vis		
699	De 0,30.	1 60	1 80
700	De 0,40.	1 70	1 90
	LOQUETS DEMI-FORTS		
701	De 0,30.	1 85	2 05
702	De 0,40.	1 95	2 15
703	De 0,50.	2 25	2 45
	LOQUETS DEMI-FORTS		
	Bouton olive rond.		
704	De 0,30.	2 40	2 60
705	De 0,40.	2 70	2 90
706	De 0,50.	3 »	3 20
	LOQUETS RENFORCÉS POLIS		
	Bouton olive rond.		
707	De 0,30.	3 »	3 20
708	De 0,40.	3 30	3 50
709	De 0,50.	3 65	3 85
	LOQUETS TRÈS-FORTS		
	A embâses, bouton tourné à pater et bouton olive rond.		
710	De 0,50.	4 80	5 »
711	De 0,60.	5 10	5 30
	ACCESSOIRES DESDITS		
	Boutons olive ronds en fer garnis de foliot à bascule et écrou.		
712	N. 4.	1 20	1 30
713	N. 5.	1 25	1 35
714	N. 6.	1 30	1 40
715	N. 7.	1 45	1 55
716	N. 7 renforcé	1 80	1 90
	MENTONNETS A PATTE		
	Marchands, entaillés, posés avec vis.		
717	N. 3.	55 »	» 65
718	N. 4.	65 »	» 75
719	N. 5.	70 »	» 80
720	N. 6.	80 »	» 90

Nota. Ceux faits exprès seront estimés suivant le travail.

Nos d'ord.		Grands Travaux neufs.	Travaux en réparat.
	MORAILLONS ORDINAIRES		
	Avec lacets et tire-fonds.		
721	De 0,16.	» 95	1 10
722	De 0,19.	1 05	1 20
	MORAILLONS A CHARNIÈRES		
723	De 0,16.	1 05	1 20
724	De 0,19.	1 20	1 35
725	De 0,22.	1 40	1 60
	MOUVEMENTS		
	(Voyez *Sonnettes*).		

Nos d'ord.		Grands Travaux neufs.	Travaux en réparat.
	PANNETONS DE VOLETS MOBILES	la pièce.	
	Marchands, pour devanture, compris vis et clou rivé.		
726	Panneton droit de 0,16.	60 »	» 70
727	Droit de 0,19.	65 »	» 75
728	A agrafe. de 0,16.	65 »	» 75
729	A agrafe, de 0,19.	70 »	» 80
730	Plus-value pour ceux faits exprès.	» 25	
	Accessoires.		
731	Gâche coudée pour *id.*	» 60	» 70
	BOULONS DE FERMETURE		
	Tête ronde, tournés et clavettes, posés avec trois rosettes entaillées.		
732	De 0,06 à 0,10.	1 20	1 30
733	De 0,12 à 0,16.	1 30	1 40
	Boulons méplats, tête de diamant, faits exprès.		
734	De 0,08 à 0,10.	1 90	2 20
	PATTES A PLAQUES		
735	De 0,08.	» 07	» 09
736	De 0,11.	» 08	» 10
	Pattes à plaques, faites exprès.		
737	Fer de 0,020×0,006, de 0,14 à 0,19 de long, coudées et à scellement.	» 22	» 25
738	*Id.* de 0,20 à 0,24, fer de 0,020×0,007.	» 32	» 35
	Pattes à chambranle.		
	A vis et à scellements, coudées.		
739	De 0,11 à 0,13.	» 10	» 15
740	De 0,16 à 0,19.	» 12	» 18
741	Pattes *id.* fortes, faites exprès, de 0,16 à 0,22 de long, fer de 0,020×0,006.	» 42	» 50
742	*Id.* de 0,25 à 0,33.	» 55	» 65
	PATTES A SCELLEMENT		
	Élargies, à queue, entaillées, fixées avec vis, posées sur tréteaux.		
743	De 0,14.	» 20	» 25
744	*Id.* plus fortes, de 0,16 à 0,20.	» 33	» 38
745	Plus-value pour celles posées sur place.	» 05	
746	Plus value pour celles coudées.	» 04	
747	Pattes *id.* fortes, faites exprès pour huisseries et devantures, de 0,16 à 0,18 de long, 0,040 à 0,050 de large et 0,007 d'épaisseur, entaillées, 2 vis.	» 62	» 70
748	*Id.* de 0,20 à 0,24.	» 75	» 90
	PAUMELLES A T.		
	Gonds à scellement, entaillés, fixés avec vis et clou rivé.		
749	De 0,14.	» 60	» 75
750	De 0,16.	» 70	» 85
751	De 0,19.	» 80	» 95
752	De 0,22.	1 »	1 20
753	De 0,25.	1 25	1 50
754	De 0,30.	2 10	2 35
755	De 0,35.	3 05	3 30
756	De 0,40.	4 15	4 40
	PAUMELLES DOUBLES		
757	De 0,14.	» 75	» 90
758	De 0,16.	» 90	1 10
759	De 0,18.	1 »	1 20
760	De 0,22.	1 20	1 40
761	De 0,25.	1 85	2 10
762	De 0,30.	2 90	3 15
763	De 0,35.	3 80	4 10
764	De 0,40.	5 »	5 30
765	Celles à équerres doubles, la valeur desdites augmentée du développement de l'équerre double, au prix des équerres doubles, à congé.	Rens.	

PAUMELLES DOUBLES BIEN FAITES

posées en feuillures.

Nos d'ord.		Grands Travaux neufs.	Travaux en réparat.
		la pièce.	
766	De 0,14..	1 »	1 15
767	De 0,16..	1 20	1 35
768	De 0,19..	1 50	1 65
769	De 0,22..	1 80	1 95

PAUMELLES DOUBLES A BOULES

En fer, polies, nœuds à boules, entaillées en feuillures.

Nos d'ord.		Grands Travaux neufs.	Travaux en réparat.
770	De 0,14..	1 20	1 45
771	De 0,16..	1 30	1 55
772	De 0,19..	1 65	1 90
773	De 0,22..	1 85	2 10
774	De 0,25..	2 30	2 60
775	De 0,30..	3 70	4 »
776	De 0,35..	4 60	4 90
777	De 0,40..	6 30	6 60
778	De 0,50..	9 35	9 70

PAUMELLES DOUBLES EN FER

Renforcées, polies, nœuds en olive, posées en place avec vis.

Nos d'ord.		Grands Travaux neufs.	Travaux en réparat.
779	De 0,16..	3 20	3 40
780	De 0,19..	3 40	3 60
781	De 0,22..	3 55	3 75
782	De 0,25..	4 60	4 80

PAUMELLES DOUBLES EN CUIVRE

Nœuds à olive, entaillés en feuillures.

Nos d'ord.		Grands Travaux neufs.	Travaux en réparat.
783	De 0,14 de branches, nœud de 0,025 de saillie.		2 20
784	De 0,14 de branches, nœud de 0,032 id.		2 35
785	De 0,14 de branches, nœud de 0,040 id.		2 45
786	De 0,14 de branches. nœud de 0,046 id.		2 60
787	De 0,14 de branches, nœud de 0,055 id.		2 70
788	De 0,14 de branches, nœud de 0,062 id.		2 80
789	De 0,14 de branches, nœud de 0,070 id.		2 95
790	De 0,17 de branches, nœud de 0,025 id.		2 70
791	De 0,17 de branches, nœud de 0,035 id.		2 90
792	De 0,17 de branches, nœud de 0,045 id.		3 05
793	De 0,17 de branches, nœud de 0,055 id.		3 15
794	De 0,20 de branches, nœud de 0,040 id.		3 85
795	De 0,20 de branches, nœud de 0,050 id.		4 05
796	De 0,20 de branches, nœud de 0,060 id.		4 30

PENTURES ORDINAIRES

Non élargies, chanfreinées au marteau (non compris gonds), posés avec clous doux et un clou rive.

Nos d'ord.		Grands Travaux neufs.	Travaux en réparat.
797	De 0,33..	» 90	1 10
798	De 0,40..	1 »	1 20
799	De 0,50..	1 15	1 35
800	De 0,60..	1 65	1 85
801	De 0,70..	1 85	2 05
802	De 0,80..	2 10	2 35
803	De 0,90..	2 45	2 70
804	De 1,00..	2 80	3 05
805	Les mêmes, au poids compris, pose et clous.	1 20	

PENTURES DU COMMERCE

Elargies au collet, en congé, limées sur champ, entaillées à fleur-bois, compris vis et clous rivés.

Nos d'ord.		Grands Travaux neufs.	Travaux en réparat.
806	De 0,10 de long. 0,043 de large au collet.	1 35	1 60
807	De 0,50 × 0 050 id.	1 55	1 80
808	De 0,60 × 0,060 id.	2 45	2 65
809	De 0,70 × 0,065 id.	3 15	3 40
810	De 0,80 × 0,075 id.	4 »	4 30
811	De 0,90 × 0,080 id.	4 95	5 25
812	De 1,00 × 0,095 id.	6 »	6 30
813	Les mêmes pentures, au poids, non compris pose et vis.	1 40	
814	Les entailles pour les quatre premières, le mètre.	» 75	
815	Les entailles pour les trois dernières.	1 25	
816	Les vis et clous rivés, comptés à part.	Rens.	

PETITS BOIS EN FER

Pour devanture et portes vitrées.

Nos d'ord.		Grands Travaux neufs.	Travaux en réparat.
817	Fers à moulures et feuillures de 0,050×0,025 avec empattement en T de chaque bout, bien dressés, ébarbés à la lime, et percés de trous au foret, pour les verres, et posés en place avec vis.		le mètre. 3 80
818	Plus-value d'un empattement en T.		la pièce. » 80
819	Plus-value d'un ajustement à onglet de 2 fers.		1 20
820	Petit bois fer 1/2 rond à feuillures de 0,016 de diamètre.		le mètre. 2 30
821	Plus-value d'un empatement en T.		la pièce. » 50
822	Plus-value d'un ajustement à onglet de 2 fers.		» 80

PILASTRES DE RAMPES

En fer tourné, tige et soie montées à vis, posées en place.

Nos d'ord.		Grands Travaux neufs.	Travaux en réparat.
823	De 0,047 de diamètre à la panse.		13 20
824	De 0,055 id.		16 45
825	De 0,060 id.		19 75

PILASTRES EN FONTE

Compris tige, soie et pose (le plomb compté en plus).
Petit modèle pour rampes de 0,016.

Nos d'ord.		Grands Travaux neufs.	Travaux en réparat.
826	Pilastre uni.		9 05
827	— à colonne cannelée.		12 35
828	— à colonne plus riche.		15 20
829	— riche renaissance..		18 40

Idem

Moyen modèle pour rampes de 0,018

Nos d'ord.		Grands Travaux neufs.	Travaux en réparat.
830	Pilastre uni.		11 80
831	— à colonne cannelée.		16 25
832	— à colonne plus riche.		22 90
833	— riche renaissance.		27 75

Idem

Fort modèle pour rampes de 0,020.

Nos d'ord.		Grands Travaux neufs.	Travaux en réparat.
834	Pilastre uni.		17 60
835	— à colonne cannelée.		24 20
836	— à colonne plus riche.		30 80
837	— riche renaissance.		39 60

PIVOTS BOURDONNIÈRES

Et équerres de portes cochères percés et limés pour être entaillés.

Nos d'ord.		Grands Travaux neufs.	Travaux en réparat.
838	Les 100 kilos.	104 »	110 »

PIVOTS A ÉQUERRE

A col de cygne, entaillés, fixés avec vis.

Nos d'ord.		Grands Travaux neufs.	Travaux en réparat.
		la pièce.	
839	De 0,16 de branches.	1 45	1 65
840	De 0,20 de branches.	1 60	1 80
841	De 0,25 de branches.	1 95	2 20
842	De 0,30 de branches.	2 40	2 65
843	De 0,40 de branches.	3 15	3 40

ACCESSOIRES DESDITS.

Nos d'ord.		Grands Travaux neufs.	Travaux en réparat.
844	Crapaudine à scellement.	» 35	» 40
845	Crapaudine à pointe.	» 60	» 70
846	Crapaudine à patte.	1 »	1 10

PIVOTS A BOULES TOURNÉES

À équerre, à col de cygne, posés en place, entaillés, fixés avec vis.

Nos d'ord.		Grands Travaux neufs.	Travaux en réparat.
		la pièce.	
847	De 0,16 de branches.	2 25	2 45
848	De 0,20 de branches.	2 55	2 75
849	Crapaudine à patte, à boule tournée	1 65	1 85
850	Crapaudine, tête tournée et à pointe.	» 80	» 90
851	Crapaudine tournée, montée sur platine, entaillée sur le parquet, avec 4 vis.	1 60	1 80
852	Pivot de 0,25 de branches	3 10	3 35
853	Crapaudine à boule, à pattes, pour *id*.	1 95	2 10
854	Pivot de 0,30 de branches.	3 40	3 65
855	Crapaudine à boule, à patte pour *id*.	2 25	2 40
856	Crapaudine tournée et à pointe.	» 90	1 »
857	Crapaudine *id*. montée sur platine.	1 65	1 80
858	Pivot de 0,35 de branches.	4 70	4 95
859	Crapaudine à patte, à boule, pour *id*.	2 35	2 50
860	Pivot de 0,40 de branches.	5 60	5 90
861	Crapaudine à patte, à boule, pour *id*.	3 »	3 20
862	Crapaudine tournée et à pointe.	1 »	1 20
863	Crapaudine *id*. montée sur platine.	1 95	2 15

PIVOTS A TÊTE CARRÉE

Le double en cuivre, le simple en fer, entaillés en feuillures avec 8 vis.

Nos d'ord.		Grands Travaux neufs.	Travaux en réparat.
864	De 0,11 de branches.		2 65
865	De 0,14 de branches.		3 15
866	De 0,16 de branches.		3 65
867	De 0,19 de branches.		4 20
868	Ceux profilés suivant les moulures ou à baguette, en plus.		1 25
869	De 0,22 de branches, tête de 0,030×0,030.		5 45
870	De 0,22 de branches, tête de 0,030×0,035.		6 05
871	De 0,22 de branches, tête de 0,030×0,050.		6 35
872	Ceux profilés ou à baguette, en plus.		1 75
873	De 0,28 de branches, tête de 0,035×0,050.		9 25
874	De 0,28 de branches, tête de 0,040×0,040.		9 80
875	De 0,28 de branches, tête de 0,040×0,055.		10 40
876	Ceux profilés ou à baguette, en plus.		2 50
877	De 0,30 de branches, tête de 0,050×0,055.		13 55
878	De 0,33 de branches, tête de 0,055×0,055.		14 75
879	De 0,35 de branches, tête de 0,060×0,070.		19 10

PIVOTS DE SIÉGE

En cuivre, à tourillon et à patte, avec crapaudine à patte, entaillés, fixes avec 4 vis.

Nos d'ord.		Grands Travaux neufs.	Travaux en réparat.
880	N. 1.	» 85	1 »
881	N. 2.	» 95	1 10
882	A équerre sur champ.	1 90	2 10

PLAQUES

(Voyez *Fontes*.)

PLANCHERS EN FER

(Voyez *Gros fers*.)

PLATES-BANDES D'ASSEMBLAGE

De limons d'escalier, entaillées, fixées avec vis (fer de rochet).

Nos d'ord.		Grands Travaux neufs.	Travaux en réparat.
		le mètre.	
883	Fer de 0,034×0,005.	3 20	3 45
884	Fer de 0,041×0,007.	4 05	4 30
885	Fer de 0,047×0,009.	4 95	5 20
886	Fer de 0,055×0,009.	6 05	6 35

Plomb pour scellements.

Nos d'ord.		Grands Travaux neufs.	Travaux en réparat.
887	La fourniture, au cours.		
888	La façon, le kilo en plus.	» 20	

POIGNÉES A PATTE

Posées avec 2 vis.

Nos d'ord.		Grands Travaux neufs.	Travaux en réparat.
889	Ordinaires.	23 »	» 28
890	Renforcées.	32 »	» 37

POIGNÉES TOURNANTES

Sur platines, pitons à olive, entaillées avec 2 vis et un clou rivé.

Nos d'ord.		Grands Travaux neufs.	Travaux en réparat.
		la pièce.	
891	Platine de 0,16.	» 67	» 77
892	Platine de 0,19.	» 75	» 85
893	Platine de 0,19 renforcées.	1 »	1 10

POIGNÉES ESTAMPÉES EN DEMI-ROND

À charnières, sur platines polies, entaillées à fleur de bois, vis et clous rivés.

Nos d'ord.		Grands Travaux neufs.	Travaux en réparat.
894	Ordinaires, platine de 0,18.	1 60	1 80
895	Renforcées, platine de 0,18.	2 35	2 60

RAMPES A POINTES

Sur limon, les barreaux espacés de 0,10 du milieu des fers, recouverts d'une plate-bande en bandelette, les barreaux ornés d'astragales en cuivre, le mètre linéaire mesuré sur la plate-bande.

Nos d'ord.		Grands Travaux neufs.	Travaux en réparat.
		le mètre.	
896	Barreaux de 0,016.	8 50	9 50
897	Barreaux de 0,018.	10 50	11 50
898	Barreaux de 0,018 recouverts d'une main courante demi-ronde.	11 50	12 50
899	Barreaux de 0,018, recouverts d'une main courante, fer rond de 0,020.	12 »	13 »

RAMPES A COL DE CYGNE A POINTE

Ornées de rosaces et astragales en cuivre tourné, main-courante en bandelette.

Nos d'ord.		Grands Travaux neufs.	Travaux en réparat.
900	Barreaux de 0,016.	12 »	13 »
901	Barreaux de 0,018.	14 »	15 »
902	Barreaux de 0,018, mais avec rosaces en fonte légère et fortes astragales en cuivre.	14 50	15 50
903	Barreaux de 0,018, mais avec rosaces en fonte forte, et chapiteaux en cuivre tourné.	16 50	17 50
904	Barreaux de 0,018, fortes rosaces en fonte et chapiteaux en cuivre, à fuseau, arrasés suivant le rampant.	18 50	19 50
905	Barreaux de 0,018, avec fortes rosaces, ornement de milieu, de barreaux et chapiteaux, à boule, le tout en cuivre tourné.	24 »	25 »
906	Barreaux de 0,020, avec fortes rosaces et chapiteaux à boule, en fonte tournée.	23 »	24 »

RAMPES A PITONS

Pitons à vis, rosaces et chapiteaux à boule en fonte, recouverts d'une main-courante en bandelette.

Nos d'ord.		Grands Travaux neufs.	Travaux en réparat.
907	Barreaux de 0,016.	18 50	19 50
908	Barreaux de 0,018.	21 »	22 »
909	Barreaux de 0,020, fortes garnitures.	26 50	27 50
910	Barreaux de 0,023, très-fortes garnitures.	35 50	36 50

RAPOINTIS

Nos d'ord.		Grands Travaux neufs.	Travaux en réparat.
		les 100 k.	
911	Ordinaire.	31 »	35 »

SERRURES D'ARMOIRES

Bon poussé, pêne au milieu, posées en place avec vis, entrées et gâches en tôle, entaillées, fixées avec vis.

Nos d'ord.		Grands Travaux neufs.	Travaux en réparat.
		la pièce.	
912	De 0,07.	2 85	3 »
913	De 0,08.	3 »	3 20

Idem

Broches à cul-de-lampe, en cuivre tourné.

Nos d'ord.		Grands Travaux neufs.	Travaux en réparat.
914	De 0,07.	3 10	3 30
915	De 0,08.	3 20	3 40
916	De 0,11.	3 75	4 »

Nos d'ord.	Les mêmes, avec canon.	Grands Travaux neufs. la pièce.	Travaux en réparat.
917	De 0,07.	3 35	3 55
918	De 0,08.	3 45	3 65
919	De 0,11.	4 15	4 85
	SERR. D'ARMOIRES POLIES SANS CANON *Première qualité de toutes fabriques.*		
920	De 0,07.	3 45	3 65
921	De 0,08.	3 50	3 70
922	De 0,095.	3 90	4 10
923	De 0,11.	4 20	4 20
	Les mêmes, avec canon.		
924	De 0,07.	3 55	3 75
925	De 0,08.	3 90	4 15
926	De 0,095.	4 20	4 45
927	De 0,11.	4 50	4 75
	SERR. D'ARMOIRES A 3 PÊNES A CANON		
928	De 0,07.	6 30	6 55
929	De 0,08.	6 60	6 85
930	De 0,11.	7 75	8 »
	SERRURES A 3 PÊNES *Première qualité de toutes fabriques.*		
931	De 0,07.	6 60	6 85
932	De 0,08.	7 45	7 70
933	De 0,11.	8 25	8 50
	SERRURES A 3 PÊNES EN LARGE		
934	De 0,07.	6 85	7 10
935	De 0,08.	7 55	7 80

Nota. Toutes les gâches et entrées faites exprès pour défaut de bois seront comptées à part.

Nos d'ord.		Grands Travaux neufs. la pièce.	Travaux en réparat.
	SERRURES A PÊNE DORMANT *Noires, demi-fortes, pose, vis et entrée.*		
936	De 0.14.	4 »	4 25
937	De 0,16.	4 60	4 85
	Idem. Noires, renforcées.		
938	De 0,14.	4 80	5 05
939	De 0,16.	5 45	5 70
	Idem. Noires, renforcées, pênes à congé.		
940	De 0,14.	5 15	5 40
941	De 0,16.	5 95	6 20
	Idem Clés en chiffres, faux fond en cuivre et double canon.		
942	De 0,14.	7 25	7 50
943	De 0,16.	7 85	8 10
944	De 0,19.	9 »	9 25
	SERRURES A PÊNE DORMANT DE SURETÉ 2 clés, vis et entrée. *Demi-poussé, demi-cloisons.*		
945	De 0,14.	7 70	8 »
946	De 0,16.	8 25	8 55
	Bon poussé, garnitures blanchies.		
947	De 0,14.	9 15	9 45
948	De 0,16.	10 30	10 60

Nos d'ord.	Id. Première qualité de toutes fabriques.	Grands Travaux neufs. la pièce.	Travaux en réparat.
949	De 0,14.	10 95	11 25
950	De 0,16.	12 35	12 60
	Id., garnitures tournées, baroques.		
951	De 0,14.	15 »	15 90
952	De 0,16.	16 15	16 45
	SERRURES A TOUR ET DEMI *Bon poussé, pêne au milieu, bouton de coulisse en cuivre, pose, vis et entrée.*		
953	De 0,11.	4 »	4 30
954	De 0,14.	4 20	4 50
955	De 0,16.	5 05	5 35
	Idem RENFORCÉES Bouton de coulisse en fer.		
956	De 0,14.	6 05	6 35
957	De 0,16.	6 70	7 »
	Serrures demi-tour de cabinet.		
958	De 0,11.	3 70	4 »
	Serrures tour et demi, à queue, renforcées. Pour cordon de portes cochères.		
959	De 0,14.	8 15	8 40
960	De 0,16.	8 75	9 »
	SERRURES A 2 PÊNES A FOLIOT Poussées, ou polies ordinaires, compris pose, vis, entrée et rosette ordinaire.		
961	De 0,14.	5 45	5 75
962	De 0,16.	6 45	6 75
	Id. polies renforcées.		
963	De 0,14.	6 50	6 80
964	De 0,16.	7 50	7 80
	Idem POLIES, PREMIÈRE QUALITÉ de toutes fabriques.		
965	De 0,14.	6 70	7 »
966	De 0,16.	7 70	8 »
967	Plus-value de celles avec deux rondelles en fer pour le foliot.	» 75	
968	Plus-value de celles a arrêt servant de verrou.	» 60	
	SERRURES A 2 PÊNES EN LONG Polies, ordinaires.		
969	Jusqu'à 0,08 de large.	6 45	6 75
970	De 0,09 de large.	6 65	6 95
971	De 0,10 id.	7 »	7 30
	Idem. Polies, première qualité de toutes fabriques.		
972	Jusqu'à 0,08 de large.	6 85	7 15
973	De 0,09 de large.	7 15	7 45
974	De 0,10 id.	7 45	7 75
	SERRURES DE SURETÉ Bon poussé, demi-cloison, posées en place avec vis et entrée. *Bon poussé ordinaire.*		
975	De 0,14.	9 15	9 45
976	De 0,16.	10 30	10 60
	Id., garnitures blanchies.		
977	De 0,14.	10 15	10 45
978	De 0,16.	11 45	11 75

Nos d'ord.	Id., garnitures blanchies, première qualité de toutes fabriques (Feuquières.)	Grands Travaux neufs. la pièce.	Travaux en réparat.
979	De 0,14.	12 05	12 35
980	De 0,16.	13 20	13 50
	Id., garnitures tournées, baroques.		
981	De 0,14.	17 30	17 60
982	De 0,16.	18 45	18 75
	SERRURES DE SURETÉ A FOLIOT		
	Demi-cloison, garnitures blanchies.		
983	De 0,14.	12 55	12 85
984	De 0,16.	13 45	13 75
	Id., garnitures blanchies, première qualité.		
985	De 0,14.	13 45	13 75
986	De 0,16.	14 60	14 90
	Id., garnitures tournées, baroques.		
987	De 0,14.	18 10	18 40
988	De 0,16.	19 35	19 65
	SERRURES DE SURETÉ A HAUTE CLOISON		
	A foliot, garnitures blanches.		
989	De 0,16.	17 50	17 80
990	De 0,19.	19 85	20 15
	Id., haute cloison, garnitures tournées.		
991	De 0,16.	21 »	21 30
992	De 0,19.	23 35	23 65
	SERRURES DE SURETÉ EN LONG		
	Demi-cloison, bouton de coulisse.		
993	Jusqu'à 0,07 de large.	10 90	11 20
994	De 0,08 de large.	11 45	11 75
995	De 0,09 id.	12 05	12 35
996	De 0,10 id.	12 65	12 95
997	Celles à foliot, en plus.	» 75	
	SERRURES DE SURETÉ A GORGES		
	Mobiles, polies, clés bénardes, compris gâches à baguette.		
	De la fabrique de Feuquières (1re fabrique de France.)		
998	De 0,14.	16 15	17 15
999	De 0,16.	17 60	18 60
	Les mêmes, clés forées à 6 gorges et délateurs, garnitures blanchies.		
1000	De 0,14.	19 »	20 »
1001	De 0,16.	20 15	21 15
	Les mêmes, mais avec garnitures tournées, baroques.		
1002	De 0,14.	22 50	23 50
1003	De 0,16.	23 65	24 65
1004	Celles à foliot plus-value.	2 »	
	SERRURES RÉPARÉES		
1005	Pour chaque dépose et repose d'une serrure.		» 50
1006	Plus pour un nettoyage, rajusté les barbes ou resserré les entrées.		» 75
1007	Plus pour chaque fourniture de vis taraudées.		» 25
1008	Plus pour chaque fourniture de ressort à boudin, canon, foliot, picolet, équerre, etc.		» 60
1009	Clé à embase de serrure d'armoire, tour demi ou tiroir.		1 50
1010	Clé bénarde pour tour demi, polie.		1 90
1011	Clé bénarde, panneton en chiffre, polie.		2 55
1012	Clé de serrure de sûreté ordinaire, polie.		3 10
1013	Clé de sûreté pour garniture tournée, polie.		3 55
1014	Clé de sûreté pour garniture compliquée.		5 55

Nos d'ord.	SONNETTES ET ACCESSOIRES	Grands Travaux neufs.	Travaux en réparat.
	Sonnettes posées en place, compris ressorts et supports à pointe.		
1015	Nº 3.		1 85
1016	Nº 4.		2 »
1017	Nº 5.		2 15
1018	Nº 6.		2 45
1019	Nº 7.		2 65
1020	Nº 9.		3 15
1021	Nº 8.		3 50
1022	Nº 10.		4 40
1023	Nº 11.		4 75
1024	Nº 12.		5 20
	TIMBRES POLIS MONTÉS		
	Sur platine avec manteau à détente, posés en place.		
1025	De 0,08 de diamètre.		5 10
1026	De 0,095 de diamètre.		6 »
1027	De 0,110 de diamètre.		7 »
1028	De 0,120 de diamètre.		7 60
1029	De 0,135 de diamètre.		8 30
1030	De 0,150 de diamètre.		9 40
1031	De 0,160 de diamètre.		10 55
1032	De 0,190 de diamètre.		23 60
1033	De 0,220 de diamètre.		30 60
	Ceux avec armatures faites exprès ne sont pas compris dans les prix ci-dessus.		
	Bascules simples.		
1034	De 0,50 à fourreau, garnies en cuivre.		2 15
1035	De 0,50 à tourillons, sur supports à pointe.		2 65
1036	Bascule double comptée comme deux bascules simples.		» »
1037	Celles avec entailles des branches de chaque bout, en plus.		» 50
1038	Celles entaillées et scellées en plus.		1 25
1039	Bascules à tourillons, montées sur platines de même grandeur, entaillées, fixées avec vis.		4 75
1040	Boucle double de jonction.		» 35
1041	Conduits.		» 03
	Coulisseaux à pompe		
	En cuivre, carré ou rond, compris ajustement, entailles et fouille dans la pierre.		
1042	De 0,008 de diamètre		6 55
1043	Ceux de 0,09 *Id.*		7 05
1044	Ceux de 0,10 *Id*		7 55
1045	Ceux de 0,11 *Id.*		8 05
1046	Ceux de 0,12 *Id.*		8 80
1047	Ceux de 0,135 *Id.*		10 05
1048	Fil de fer, le mètre.		» 10
1049	Fil de fer étamé.		» 12
1050	Fil de laiton.		» 12
1051	Mouvement à charnière à ressort sur rapport à pointe.		2 50
	Mouvements.		
1052	En cuivre, à congé, petit modèle.		» 60
1053	Le même, entaillé.		» 90
1054	Le même, monté sur platine, entaillé.		2 20
1055	Mouvements renforcés, moyen modèle, montés exprès.		» 95
1056	Le même entaillé.		1 25
1057	Le même, monté sur platine, entaillé.		2 50
1058	Mouvements, grand modèle, montés exprès pour sonnettes à grandes distances.		1 25
1059	Le même, entaillé, en plus.		» 30
1060	Le même, monté sur platine, entaillé, en plus.		1 60
1061	Pointes d'arrêt.		» 08
1062	Ressort de rappel, à pompe.		» 35
1063	Ressort de rappel, en acier.		» 60
	Trous.		
1064	Percement en mur ordinaire, le mètre.		3 »
1065	Percement dans la pierre dure.		4 »

Tuyaux.

Nos d'ord.	Désignation	Grands Travaux neufs. la pièce.	Travaux en réparat.
1066	En ferblanc, posés à nu avec colliers, le mètre.		« 90
1067	Ceux entaillés de leur épaisseur et scellés, en plus.		1 »
1068	Les solins en plâtre au bas des tuyaux.		» 50

Plaques de recouvrement.

Nos d'ord.	Désignation	Grands Travaux neufs. la pièce.	Travaux en réparat.
1069	En tôle, jusqu'à 0,12 carré, entaillées.		1 10
1070	En tôle forte, à trappe de regard, jusqu'à 0,20 carré.		4 60

Nota. Tous les prix ci-dessous sont pour des sonnettes bien posées, dans des appartements ordinaires, jusqu'à 3,50 de hauteur; pour celles posées à de grandes hauteurs, et qui nécessitent l'emploi de deux ouvriers et une difficulté de travail à la grande échelle, ils devront être augmentés d'une plus-value du quart au tiers, comme aussi il devra être appliqué une moins-value pour celles mal posées.

CORDONS DE PORTES COCHÈRES

Nos d'ord.	Désignation	Grands Travaux neufs. la pièce.	Travaux en réparat.
1071	Bascules simples, à fourneau, de 0,50	4 »	
1072	Plus-value de deux fouilles pour les branches.	» 80	
1073	Plus-value pour celles entaillées et scellées.	1 50	
1074	Bascules à tourillons sur supports, à pointe..	4 50	
1075	Celles montées sur platines, en forte tôle, entaillées	6 75	
1076	Boucles doubles de jonction.	» 10	
1077	Crampons de conduits à deux pointes.	» 04	
1078	Fil de fer posé à nu sur murs, le mètre.	» 15	
1079	Fil de fer posé dans des tuyaux entaillés.	» 25	
1080	Fil de fer étamé, en plus.	» 03	
1081	Fouilles dans les murs pour mouvements entaillés.	» 60	
1082	Mouvement en fer forgé, garni en cuivre.	2 70	
1083	Plaques de recouvrement, jusqu'à 0,20 carré.	1 50	
1084	Plaque à trappe de regard..	5 »	
1085	Percement de trous à la grosse mèche, le mètre.	4 »	
1086	Tuyaux en fer blanc de 0,016, posés à nu.	1 »	
1087	Plus-value pour ceux entaillés et scellés.	1 20	
1088	Forts ressorts de rappel à pompe.	» 45	
1089	Les mêmes posés dans des tuyaux entaillés..	1 50	
1090	Ressorts de rappel en acier.	» 75	
1091	Ressorts de renvoi, avec platine coudées.	4 30	

SUPPORTS DE BARRES

Nos d'ord.	Désignation	Grands Travaux neufs. la pièce.	Travaux en réparat.
1092	Forgés à pattes, à deux coudées, posés, entaillés.	1 70	
1093	Supports à charnière, à platine, entaillés de leur épaisseur	2 45	
1094	Supports à charnière à patte, entaillés de leur épaisseur..	1 70	

TARGETTES EN FER

Platines noires à chapeau, bouton tourné.

Nos d'ord.	Désignation	Grands Travaux neufs. la pièce.	Travaux en réparat.
1095	De 0,035.	» 50	» 60
1096	De 0,040.	» 55	» 65
1097	De 0,048..	» 60	» 70
1098	De 0,055	» 70	» 80
1099	De 0,060.	» 80	» 90
1100	De 0,070.	» 95	1 05
1101	De 0,080..	1 20	1 30
1102	Celles à valet, en plus.	» »	» 25

Idem RENFORCÉES

Picolets ronds, boutons à pater.

Nos d'ord.	Désignation	Grands Travaux neufs. la pièce.	Travaux en réparat.
1103	De 0,040..	» 80	» 90
1104	De 0,048..	» 90	1 »
1105	De 0,055..	» 95	1 05
1106	De 0,060.	1 05	1 15
1107	De 0,070..	1 20	1 30
1108	De 0,080..	1 40	1 50
1109	Celles à valet, en plus.	» »	» 30

Idem TRÈS-FORTES

Polies, bouton à gorge.

Nos d'ord.	Désignation	Grands Travaux neufs. la pièce.	Travaux en réparat.
1110	De 0,048.	1 80	1 95
1111	De 0,055.	1 95	2 10
1112	De 0,060..	2 15	2 30
1113	De 0,070..	2 40	2 55
1114	De 0,080.	2 75	2 90
1115	De 0,090..	3 30	3 45
1116	De 0,100..	3 65	3 80
1117	Celles à valet, en plus..	» »	» 30

TARGETTES EN CUIVRE POLI

Nos d'ord.	Désignation	Grands Travaux neufs. la pièce.	Travaux en réparat.
1118	De 0,035.	» 95	1 10
1119	De 0,040.	1 10	1 25
1120	De 0,045.	1 20	1 35
1121	De 0,050.	1 35	1 50
1122	De 0,055.	1 45	1 60
1123	De 0,060.	1 55	1 70
1124	De 0,065.	1 80	1 95
1125	De 0,070.	2 35	2 50
1126	De sûreté, à valet, en plus..	» »	» 35

TIMBRES

(Voyez *Sonnettes.*)

TIREFONDS BLANCHIS

Posés en place.

Nos d'ord.	Désignation	Grands Travaux neufs. la pièce.	Travaux en réparat.
1127	De 0,027..		» 10
1128	De 0,035..		» 15
1129	De 0,040..		» 20
1130	De 0,047..		» 25
1131	De 0,055..		» 30
1132	De 0,060..		» 35
1133	De 0,070..		» 40
1134	De 0,080..		» 45
1135	De 0,095..		» 50
1136	De 0,110..		» 55
1137	De 0,120.		» 60

TIREFONDS POSÉS AU PLAFOND

Nos d'ord.	Désignation	Grands Travaux neufs. la pièce.	Travaux en réparat.
1138	De 014.		1 65
1139	De 0,16.		1 75
1140	De 0,19.		1 90
1141	De 0,22.		2 »
1142	De 0,25.		2 40
1143	De 0,27.		2 65
1144	De 0,30.		3 10

Tirefonds faits exprès pour visser dans le parquet et affleurés, ou montés sur plates-bandes, à priser, suivant le temps passé. ..

TRINGLES FER BRUT

Dressées et assemblées pour châssis grillagés.

Nos d'ord.	Désignation	Grands Travaux neufs. le mètre.	Travaux en réparat.
1145	De 0,009 de diamètre.	» 50	» 60
1146	De 0,011 id.	» 70	» 80
1147	De 0,013 id.	» 95	1 05
1148	De 0,016 id.	1 20	1 30
1149	De 0,018 id.	1 45	1 55
1150	De 0,020 id.	1 75	1 90
1151	Plus-value de la tringle blanchie à la lime.		» 40
1152	Plus-value de celle polie.		» 60
1153	Assemblages, coudes à vive arête, ou patte. (la pièce.)		
1154	Sur fer brut.		» 40
1155	A onglet sur fer blanchi.		» 50
1156	A onglet sur fer poli.		» 60
1157	Tringles Finkin en zinc pour châssis vitrés..		» 70

VASISTAS

Nos d'ord.	Désignation	Grands Travaux neufs.	Travaux en réparat.
1158	En fer rainé, de 0,009, 0,010 et 0,011 carré, traverse assemblée, montée avec deux vis, jusqu'à 2,00 développée, compris 2 charnières en fer de 0,06, loqueteau à bascule en cuivre et mentonnet posés en place. .		8 65
1159	Plus-value pour un loqueteau à pompe à boule.		» 40
1160	Plus-value pour ceux à pivots et bourdonnières.		» 80
1161	Plus-value pour ceux avec traverse mobile montée dans 2 traverses fixes.		1 »
1162	Plus-value de ceux en fer de 0,012.		» 50
1163	Id. de ceux en fer de 0,013.		» 80
1164	Id. de ceux en fer de 0,014.		1 25
1165	Id. de ceux en fer de 0,015.		2 »
1166	Id. de ceux en fer de 0,018.		2 80
1167	Id. de ceux en fer de 0,020.		3 50
1168	Chaque mètre de fer en plus de 2,00, développée jusqu'à 0,011 carré.	le mètre.	1 50
1169	Id. de 0,012.		1 75
1170	Id. de 0,013.		2 »
1171	Id. de 0,014.		2 25
1172	Id. de 0,015.		2 75
1173	Id. de 0,018.		3 25
1174	Id. de 0,020.		3 70

VERROUS EN CUIVRE ENTAILLÉS

A bouton de coulisse.

Nos d'ord.	Désignation	Grands Travaux neufs.	Travaux en réparat.
		la pièce.	
1175	De 0,040.	» 90	1 »
1176	De 0,045.	1 »	1 10
1177	De 0,050.	1 10	1 20
1178	De 0,055.	1 20	1 30
1179	De 0,060.	1 30	1 40
1180	De 0,065.	1 45	1 55
1181	De 0,070.	1 55	1 65

VERROUS A RESSORT, UN QUART PLACARD

Nos d'ord.	Désignation	Grands Travaux neufs.	Travaux en réparat.
1182	De 0,16.	» 80	» 95
1183	De 0,20.	» 85	1 »
1184	De 0,25.	» 95	1 10
1185	De 0,30.	1 05	1 20
1186	De 0,40.	1 20	1 40
1187	De 0,50.	1 35	1 55
1188	De 0,65.	1 55	1 75
1189	De 0,80.	1 85	2 05
1190	De 1,00.	2 05	2 25

Idem A RESSORT, DEMI-PLACARD

Nos d'ord.	Désignation	Grands Travaux neufs.	Travaux en réparat.
1191	De 0,20.	1 05	1 25
1192	De 0,25.	1 15	1 35
1193	De 0,30.	1 30	1 50
1194	De 0,40.	1 40	1 60
1195	De 0,50.	1 60	1 80
1196	De 0,65.	1 90	2 10
1197	De 0,80.	2 »	2 20
1198	De 1,00.	2 25	2 45

Idem A RESSORT, TROIS QUARTS PLACARD

Nos d'ord.	Désignation	Grands Travaux neufs.	Travaux en réparat.
1199	De 0,30.	1 95	2 20
1200	De 0,40.	2 05	2 30
1201	De 0,50.	2 20	2 45
1202	De 0,65.	2 60	2 85
1203	De 0,80.	3 05	3 30
1204	De 1,00.	3 20	3 45

Idem A RESSORT, PLACARD

Nos d'ord.	Désignation	Grands Travaux neufs.	Travaux en réparat.
1205	De 0,30.	2 50	2 75
1206	De 0,40.	2 70	2 95
1207	De 0,50.	3 »	3 25
1208	De 0,65.	3 30	3 55
1209	De 0,80.	3 65	3 90
1210	De 1,00.	4 15	4 40

Idem TROIS QUARTS PLACARD, RENFORCÉES

Arrêts montés à vis.

Nos d'ord.	Désignation	Grands Travaux neufs.	Travaux en réparat.
		la pièce.	
1211	De 0,30.	3 55	3 80
1212	De 0,40.	3 70	3 95
1213	De 0,50.	3 90	4 15
1214	De 0,65.	4 15	4 40
1215	De 0,80.	4 45	4 70
1216	De 1,00.	4 80	5 05

Idem PLACARD RENFORCÉS

Arrêts montés à vis.

Nos d'ord.	Désignation	Grands Travaux neufs.	Travaux en réparat.
1217	De 0,30.	4 30	4 55
1218	De 0,40.	4 60	4 85
1219	De 0,50.	4 95	5 20
1220	De 0,65.	5 40	5 65
1221	De 0,80.	6 »	6 20
1222	De 1,00.	6 70	6 95

VERROUS PÊNE ROND

Poignées tournantes pour écurie et remise.

Nos d'ord.	Désignation	Grands Travaux neufs.	Travaux en réparat.
1223	De 0,30.	4 05	4 30
1224	De 0,40.	4 30	4 55
1225	De 0,50.	4 65	4 90
1226	De 0,65.	5 »	5 25

VERROUS TIGE DEMI-RONDE

Demi-placard polis, bouton en fer tourné à pater.

Nos d'ord.	Désignation	Grands Travaux neufs.	Travaux en réparat.
1227	De 0,16.	1 85	2 10
1228	De 0,25.	1 95	2 20
1229	De 0,30.	2 05	2 30
1230	De 0,40.	2 15	2 40
1231	De 0,50.	2 35	2 55
1232	De 0,65.	2 50	2 75
1233	De 0,80.	2 80	3 05
1234	De 1,00.	3 »	3 25

ACCESSOIRES

Conduit à patte en cuivre demi-rond.

Nos d'ord.	Désignation	Grands Travaux neufs.	Travaux en réparat.
1235	Conduit à patte en cuivre, en demi-rond . .		» 40

VERROUS TIGE DEMI-RONDE

Trois quarts placards polis, boutons à pater.

Nos d'ord.	Désignation	Grands Travaux neufs.	Travaux en réparat.
1236	De 0,30.	2 70	2 95
1237	De 0,40.	2 90	3 15
1238	De 0,50.	3 05	3 30
1239	De 0,65.	3 30	3 55
1240	De 0,80.	3 90	4 15
1241	De 1,00.	4 45	4 70

Idem PLACARD

Polis, bouton à pater.

Nos d'ord.	Désignation	Grands Travaux neufs.	Travaux en réparat.
1242	De 0,30.	3 65	3 90
1243	De 0,40.	3 85	4 10
1244	De 0,50.	4 »	4 25
1245	De 0,65.	4 35	4 60
1246	De 0,80.	4 85	5 15
1247	De 1,00.	5 45	5 70

VERROUS A BOITE ET BOUTONS EN CUIVRE

Tiges demi-rondes polies.

QUART PLACARD

Nos d'ord.	Désignation	Grands Travaux neufs.	Travaux en réparat.
1248	De 0,30.	2 65	2 90
1249	De 0,40.	2 80	3 05
1250	De 0,50.	2 90	3 15
1251	De 0,65.	3 30	3 55
1252	De 0,80.	3 50	3 75
1253	De 1,00.	3 70	3 95

Nos d'ord.	DEMI-PLACARD	Grands Travaux neufs.	Travaux en réparat.
		la pièce.	
1254	De 0,30	2 80	3 05
1255	De 0,40	2 95	3 20
1256	De 0,50	3 15	3 40
1257	De 0,65	3 50	3 75
1258	De 0,80	3 75	4 »
1259	De 1,00	4 15	4 40
	TROIS QUARTS PLACARD		
1260	De 0,30	3 45	3 70
1261	De 0,40	3 65	3 90
1262	De 0,50	3 90	4 15
1263	De 0,65	4 40	4 65
1264	De 0,80	4 75	5 »
1265	De 1,00	5 20	5 35
	PLACARDS FORTS		
1266	De 0,30	6 10	6 35
1267	De 0,40	6 45	6 70
1268	De 0,50	6 80	7 05
1269	De 0,65	7 50	7 75
1270	De 0,80	8 »	8 25
1271	De 1,00	9 45	9 70

Idem A COQUILLE EN CUIVRE

Entaillés, en feuillures, platines de 0,015.

Nos d'ord.		Grands Travaux neufs.	Travaux en réparat.
1272	De 0,32	2 75	3 »
1273	De 0,40	3 15	3 40
1274	De 0,50	3 50	3 75
1275	De 0,65	3 90	4 15
1276	De 0,80	4 35	4 60
1277	De 1,00	4 80	5 05

Nos d'ord.	Idem	Grands Travaux neufs.	Travaux en réparat.
	Entaillés à plat, platines de 0,035.	la pièce.	
1278	De 0,32	3 50	3 75
1279	De 0,40	3 85	4 10
1280	De 0,50	4 15	4 40
1281	De 0,65	4 60	4 85
1282	De 0,80	5 05	5 30
1283	De 1,00	5 55	5 80
	VIS A BOIS, TÊTE PLATE		la pièce.
1284	Jusqu'à 20,20		» 015
1285	De 20,20 à 22,25		» 025
1286	De 22,25 à 25,30		» 035
1287	De 25,30 à 26,40		» 05
1288	De 26,40 à 27,50		2 08
1289	De 27,50 à 28,60		» 10
1290	De 28,60 à 29,70		» 16
1291	De 29,70 à 30,80		» 20
1292	De 30,80 à 31,90		» 26
1293	De 31,90 à 32,100		» 32
	VIS A TÊTE CARRÉES POSÉES		
1294	De 0,06		» 30
1295	De 0,07		» 35
1296	De 0,08		» 40
1297	De 0,09		» 45
1298	De 0,10		» 50
1299	De 0,11		» 55
1300	De 0,12		» 60
1301	De 0,13		» 65
1302	De 0,14		» 70
1303	De 0,15		» 75
1304	De 0,16		» 80

FIN DU TARIF DE LA SERRURERIE.

AGENDA SPÉCIAL DES ARCHITECTES

ET DES ENTREPRENEURS DE BATIMENTS

Avec TABLETTES DE POCHE pour tous les jours de l'Année.

—Pour l'Année 1856.—

L'Agenda des Architectes est le recueil complet de cette infinité de détails techniques que l'homme pratique a quelquefois dans ses archives, mais qui lui font toujours défaut quand il est sur le chantier et qu'il n'a plus sous la main sa bibliothèque. Cinquième année.

> Prix : Relié à l'anglaise, avec fermoir. . . . 3 fr. »
> Mouton-chagrin à tuyaux et doré sur tr . 3 50
> Le même, à patte. . . . . 4 »

MODÈLES DE SERRURERIE

Choisis parmi ce que Paris offre de plus remarquable sous le rapport de la forme, de la décoration et de la sûreté ; accompagnés de détails qui doivent en faciliter l'exécution : boutiques, balcons, balustrades, rampes d'escaliers, grilles, portes, réverbères, grilles d'églises, de théâtre et de tombeaux, fermes d'auvent, espagnolettes, serrurerie de portes, etc., etc.,

Par BURY, Ingénieur.

57 planches in-folio, avec texte broché. — Prix 16 fr.

MODÈLES

DE SERRURERIE ET DE FONTE DE FER

RECUEILLIS

Parmi ce qui a été fait de plus remarquable dans la Capitale depuis quelques années.

(Suite au précédent.)

Serrurerie et fonte de fer récemment exécutées ; application aux planchers et combles, ponts, escaliers, machines, divers ornements en fonte ajustés aux portes, devantures de boutiques, grilles, rampes d'escaliers, candélabres ; ornements fondus ajustés à la menuiserie et à la serrurerie, portes, ferrures des portes, des grilles, vitraux et croisées de fers ; application des fers creux laminés, ponts, théâtres, machines et mécaniques, balcons, rampes d'escaliers, fontaines, chauffage, poêles, etc.,

Par THIOLLET.

1 vol. in-folio composé de 72 planches avec texte explicatif. — Prix : 20 fr.

ART DU SERRURIER

Par HOYAU, Ingénieur-Mécanicien,

Comprenant les moyens de reconnaître les qualités des matières premières, les meilleures dispositions des outils propres à l'exécution des différents ouvrages, et la manière de faire les principales opérations de cet art ; la description des ferrures employées à la fermeture des baies de bâtiments, et celles des serrures ordinaires, depuis la plus simple jusqu'à la plus compliquée ; enfin la démonstration des principes fondamentaux des serrures à combinaison, avec la représentation des mécanismes les plus ingénieux et les plus nouveaux où ces principes sont appliqués.

1 vol. in-folio de 47 planches, renfermant plus de 400 fig. et 36 pages de texte explicatif.

Prix : 12 francs.

Paris.—Imprimé chez Bonaventure et Ducessois, 55, quai des Grands-Augustins.

9 782016 126592